青春期叛逆心理学

宋荣香 伊雅雯◎著

南方出版社
·海口·

图书在版编目（CIP）数据

青春期叛逆心理学 / 宋荣香，伊雅雯著 . -- 海口：南方出版社, 2025.5. -- ISBN 978-7-5501-9681-0

Ⅰ．G782

中国国家版本馆 CIP 数据核字第 2025Q60P00 号

青春期叛逆心理学
Qingchunqi Panni Xinlixue

宋荣香　伊雅雯　著

责任编辑：	任才杰
出版发行：	南方出版社
社　　址：	海南省海口市和平大道 70 号
邮政编码：	570208
电　　话：	（0898）66160822
传　　真：	（0898）66160830
印　　刷：	三河市九洲财鑫印刷有限公司
开　　本：	710mm×1000mm　1/16
印　　张：	13.5
字　　数：	174 千字
版　　次：	2025 年 5 月第 1 版
印　　次：	2025 年 5 月第 1 次印刷
定　　价：	56.00 元

前言

在探索青少年的世界时,我们发现了一个充满挑战与机遇的成长过程。《青春期叛逆心理学》一书旨在揭示和理解这段青涩时光中最令人迷惑的行为——叛逆行为的心理学背景。青少年叛逆不仅是青春期的一个普遍现象,也是亲子关系、教育导向和社会文化三者交会冲击所塑造的结果。本书试图从多维度解构叛逆行为,探讨其对个人成长、家庭和社会的深远影响。

我们生活在一个急剧变化的时代,技术迅猛发展、全球化步伐加快以及跨文化交流日益增多,这些变化不仅改写了青少年的日常生活,也重塑了他们的自我认知和行为导向。本书通过案例分析、理论阐释和实务探索,提供了对青春期叛逆心理深层原因的解释以及应对策略,广泛涉及了家庭环境、学校辅导、社区响应和文化因素等议题。

我们认识到,对叛逆的反应及其后果并非孤立于个体内部,它们是家庭、教育制度和社会条件交互作用的产物。从家庭内部的亲子交流技巧,到学校提供的辅导资源,再到社区联合行动的实施,这些都是形成有效应对策略的关键要素。书中也没有忘记对未来趋势的预测,包括全球化对文化认同的冲击,科技进步对青少年生活方式的改变,以及青少年未来发展与叛逆心理的关系。

在深入阐释这些现象的同时,本书还旨在启发家长、教育者和社会工作者等青少年成长过程中的重要参与者,理解青春期叛逆行为背后的复杂性，激发他们采取更为理解和具有同理心的立场，最终帮助青少年安全、健康地度过这个关键的人生阶段。这本书是我们对青少年这个群体逐渐成熟的过程中的一次深入反思与探讨，我们相信通过共同的努力，能够为他们的未来铺设一条健康成长的康庄大道。

欢迎您开始这一探索和理解青春期叛逆心理的旅程，让我们一起拨开迷雾，看清青少年成长道路中的光明与阴影。

目 录

▶ **第一章**
什么是青春期叛逆心理

002　第一节　青春期叛逆的特质与定义
014　第二节　叛逆心理学的历史背景与重要性

▶ **第二章**
青春期叛逆心理的根源

028　第一节　生理发展带来的心理变化
038　第二节　社会文化背景与家庭环境的影响
053　第三节　学校教育与同龄人的相互影响

▶ **第三章**
叛逆行为的主要表现与类型

064　第一节　对权威和规则的反抗
068　第二节　对社会规范与价值观的质疑和挑战
079　第三节　追求独立自主的自我认同
092　第四节　情绪管理问题与冲动行为

▶第四章
叛逆行为的认知、情感与行为机制

- 104　第一节　认知过程中的偏差与误解
- 112　第二节　情绪调节与压力应对的能力不足
- 124　第三节　冲动控制与决策制定的缺陷
- 130　第四节　社交技能与关系的建立和维护

▶第五章
解决青春期叛逆的心理治疗方法

- 140　第一节　心理咨询与心理教育的应用
- 148　第二节　家庭治疗及其对亲子关系的影响
- 155　第三节　认知行为疗法及情绪调节训练
- 162　第四节　社会技能训练与团体治疗的效用

▶第六章
预防和应对青春期叛逆的策略

- 170　第一节　营造积极的家庭环境
- 175　第二节　学校与社区的介入措施
- 181　第三节　提高青少年的自我认知
- 188　第四节　早期发现并及时应对叛逆行为

▶第七章
青春期叛逆的社会影响与趋势

- 194　第一节　社会对青春期叛逆的态度与反应
- 198　第二节　青春期叛逆对社会秩序的影响
- 202　第三节　青春期叛逆与未来发展
- 206　第四节　青春期叛逆心理的未来趋势

01

第一章

什么是青春期叛逆心理

第一节 青春期叛逆的特质与定义

一、青春期叛逆特质的描绘

叛逆，作为青少年发展过程中一个普遍现象，通常带有强烈的个性化特点。这一时期的青少年在追求自我认同与尝试独立决策时，经常表现出与父母或社会规范有所"冲突"的特质。本节旨在深入探索这些行为模式，强调它们并非问题行为，而是青少年迈向成熟的必要步骤。

01 叛逆特质的心理学解释

叛逆，作为一种看似反抗的行为，其实质是一种深层次的心理发展表现。心理学家通过多年观察和研究，将青少年叛逆现象理解为一种健康的、有助于个体成长的社会心理过程。在青春期，叛逆行为反映了青少年追求心理独立的需求，以及他们在心理上从依赖向自主过渡的早期尝试。

在心理学领域内，叛逆被认为有一个多维度的构造，不仅关乎行为，也与认知和情感紧密相连。这种行为表现了一个人对个人、社会和文化现状的不满和追求自我超越的需求。通过这种反抗，青少年得以测试和了解自身在社会中的定位，寻求自我价值的实现和确认。

心理学家强调，虽然叛逆行为可能在短期内导致社会秩序的破坏，但在大局上看，它是个体实现更高层次自我实现的手段。青少年叛逆的行为可能会挑战成年人的权威观念，但实际上，它是他们个体发展中不可或缺的一环。

02 叛逆行为的表现形式

叛逆特性作为一种行为上的显现，是青少年内心需求和渴望的一种宣泄。这种叛逆性在行为上可能表现得极为多样，并且很多时候，其背后深层的情感和认知动机比表面行为更值得我们关注。

行为上的叛逆可以分为直接和间接两种。直接行为反抗易于察觉，如与家长或教师发生冲突，拒绝遵从规则，或是在公共场合表达对某些规则或习俗的不认同。间接行为反抗可能包含消极怠工、消极对抗，甚至通过心理上的撤退来表现对现状的抗拒。在社交媒体上，青少年可能借助网络匿名性，表达那些在现实生活中不被允许的叛逆观点。

在一些家庭中，青少年可能有意识地与家长的信仰、政治立场或生活选择背道而驰，以此来测试和探索自己的独立性格。此外，孩子会通过文化表现如音乐、艺术，甚至衣着选择来建构自己的社会身份，并将之作为对传统观念挑战的工具。

03 情绪波动的原因及其对叛逆的促进

情绪波动在青少年时期是非常常见的，这一部分是由于生物学上的激素变化，一部分也来自适应社会的压力。这种情绪的不稳定直接影响了青少年的叛逆行为表现。例如，在面临压力时，青少年可能无法找到适当的情感出口来应对挫败感，因此转而采取叛逆行为来发泄这种压力。

随着对这些体验的累积，青少年可能会发展出一种对环境的敏感性，反过来，这种敏感性又会使得他们对外界的反应显得更为强烈。叛逆性的情感在适当的环境和条件下，很有可能激发创造性和探索性的行为，但也存在发展成不适应性或负面后果的风险。

情绪波动不仅促进了叛逆的产生，也为我们理解青少年内在心理世界提供了一个视窗。想要缓解这种波动带来的不稳定，家长、教师和社会需要共同提供理解、支持和适当的情感宣泄渠道。通过辅助青少年建立稳定的情感管理机制和应对技能，我们能使他们以更健康的方式进行个性化的自我表达和成长。

04 认识叛逆与成长的相互作用

青少年的叛逆行为并不完全是负面的，实际上，它是他们寻求心理独立和自我实现的一种自然表现。它标记着青少年从依赖到自立的转变，并且是成长路上不能回避的一段旅程。在面对青少年叛逆时，应当着重理解其发展功能和积极意义。

叛逆为青少年提供了一种通过自我探索以了解和塑造自我身份的途径，它激发他们去质疑先入为主的观念和认知，从而拓宽视野，增加自我认知的深度和广度。这一过程不仅对他们的个人成长至关重要，而且有助于培养批判思维能力和解决问题的技能。

此外，叛逆也可以作为一种工具，帮助青少年在社会中找到自己的位置。通过对抗和反抗，他们学会独立思考，形成个性化的意见和观点。有时候，正是这种对常规的挑战，让他们能够发现自己的潜能和兴趣，进而选择一条与众不同的道路，实现他们个人的职业目标和梦想。

05 叛逆特质与青少年发展阶段的关系

青春期是一个极其复杂的生理和心理变化时期，身体上的快速生长与大脑的发展，一方面为个体提供了新的发展可能，另一方面也引起了一系列适应性挑战。正值青春期的青少年，其前额叶尚处于发展阶段，这个负责抑制、规划和解决问题的大脑区域的不成熟导致了冲动行为的增加。

在这一阶段，青少年的自我意识急剧增加，他们更愿意尝试新的角色和行为模式，探索社会环境，购买各种新的经验，甚至包括那些被认为是反叛或有风险的行为。从心理发展的角度来看，这些经历对于他们自我认知的发展和成人角色的逐步适应至关重要。

此外，随着身体的青春期变化，青少年也开始努力获得与成人等价的身份表征。他们通常会对成年人所播下的种种信念、传统和规则表示质疑，不仅是为了自我验证，也是为了在理想与现实之间寻找一个平衡点。在这个过程中，他们可能反对父母、学校规章以及传统社会规范，以此寻找和塑造自己独特的个人标识。

尽管青少年叛逆有时被认为是一种问题行为，需要得到纠正和抑制，但应从宽容和理解的角度出发，认识到这正是青少年需要通过的成长阶段。家长、教师和社会作为共同体，不应该对这种行为有过度的忧虑，而是应提供合理的空间和机会，支持青少年顺利地完成这一成长过程，帮助他们构建一个积极和成熟的个人形象。通过合适的引导和开放的沟通，我们能够帮助青少年学会如何正向处理叛逆带来的情感和认知挑战，使他们能在追求独立的道路上做出明智而负责任的选择。

06 在成长中理解与引导叛逆特质

正确处理叛逆精神的关键是要理解它背后的动机并加以适当引导。父母、教育者和心理健康专业人士都应该努力营造一个开放和支持的环境，鼓励青少年表达自己的看法和情感。通过建立沟通的桥梁，让青少年感到自己被理解和尊重，他们更有可能以建设性的方式表达自己的叛逆思想和情感。

在青少年的成长过程中，他们需要被赋予责任感，以及安排有挑战性的任务，这样可以增强他们的自信心和自尊，同时学习如何承担后果。通过指导青少年如何设定目标、管理时间和应对困难，他们可以将原本逆反的精神转化为实现个人目标和贡献社会的能量。

总的来说，叛逆是青少年在人生旅途中一个必要并值得注意的阶段，它具有无限的成长潜力和自我改造的可能。家庭、学校和社会都可以发挥关键作用，帮助青少年识别和发展他们的独特才能，同时确保他们在既定的社会框架中健康成长。通过这样做，我们不仅帮助青少年走过叛逆阶段，还为他们日后成为有个性、有价值的社会成员打下坚实的基础。

二、叛逆心理的类型

青少年的叛逆心理是复杂而多维的，叛逆心理不是单一的行为模式，而是一个包含了多种类型和表现方式的概念。它被解读为一种常见的发展现象，旨在支持个人的自我表达和成长。了解叛逆心理的不同类型对于心理专业人士、教育工作者以及家长至关重要，因为这能够帮助他们更加准确地理解并满足青少年在成长过程中的需求。以下是叛逆心理学的几个基本类型。

01 情绪性叛逆

情绪性叛逆在青少年心理学中被认为是一种重要的行为表现，它与青少年的情绪调节和心理发展紧密相关。这类叛逆反映了青少年在情绪发泄方式上的不成熟，暗示他们可能尚未学会有效地管理和构建自己的情感体验。在某个事件中触发的冲动行为，可能是由于缺乏解决问题的适当技巧，或是由于他们的神经发育尚未足以支持复杂的情绪处理机能。

在这个生命阶段，大脑的边缘系统，特别是与情绪有关的杏仁核区域，正在急速发展，但负责理性思维和未来规划的前额叶皮层的发展则相对落后。这一神经发育上的失衡，常常导致青少年在面对激烈情感时，出现极端或爆发性的行为反应。

心理学家强调，理解并支持情绪性叛逆是辅导青少年的关键方面。通过情绪智力（Emotional Intelligence）的培养、有效的沟通技巧以及适当的情绪表达方式的指导，可以帮助青少年更好地理解和控制自己的情绪反应，逐渐学会以更为健康的方式回应各种生活压力。

小玲是一位年轻的职业女性，平时工作勤奋，对人对事都表现得非常得体。然而，在她的内心深处，却隐藏着一种对束缚和限制的强烈反感。这种反感并非源于她对工作或生活的不满，而是源于她内心对自由和独立的渴望。

某天，小玲的公司决定实施一项新的管理制度，要求员工们每天按时打卡，并严格遵守工作时间。对于小玲来说，这无疑是一种束缚。她觉得自己被限制了自由，无法按照自己的节奏和方式工作。

于是，小玲开始表现出情绪性叛逆的行为。她故意迟到早退，不按时打卡，甚至在工作时间偷偷处理私人事务。当领导试图与她沟通时，她总是以冷漠或愤怒的态度回应，拒绝接受任何形式的约束。

小玲的这种行为让领导和同事们感到非常困惑和不解。他们不明白为什么平时表现优秀的小玲会突然变得如此叛逆。然而，这正是情绪性叛逆的典型表现。小玲并非真的想与公司对抗，也不是故意要破坏工作秩序。她只是无法忍受内心的束缚感，想要通过叛逆的行为来宣泄自己的情绪和表达自己的不满。

02 认知性叛逆

认知性叛逆是一种更为理智和有目的的青少年行为，这通常涉及青少年当前认知发展阶段的体现。青少年在这一时期开始形成亲社会和道德认知，相比于儿童阶段，他们更加注意个人与社会价值观之间的关系，对"正确"和"错误"的标准提出自己独特的见解。他们通过质疑和思考，试图打破传统认知框架，建立与自身经历和理想相吻合的世界观。

皮亚杰的认知发展理论以及柯尔伯格的道德发展理论都为我们理解认知性叛逆提供了有力的理论支持。青少年在达到柯尔伯格理论中的后道德阶段时，考虑道德问题不再仅仅是遵循规则，而是基于更广阔的社会福利和正义原则。在这一点上，他们可能因为认为某些规则与普遍的道德标准相冲突，而选择以叛逆的形式表达不同意见。

认知性叛逆的一个核心方面是自我效能感（Self-efficacy）的探索和建立，青少年通过探索和反抗，试图证明自己的能力和独立性。明确引导和支持认知性叛逆，不仅可以帮助青少年形成独立的思维方式，还能支持他们在社会价值和规范的框架下，构建更为深刻和全面的个人理念。包容性的社会氛围和开放的家庭环境，为认知性叛逆提供了良好的发展土壤。通过适当的引导，认知性叛逆能转化为推动社会进步和个人成长的重要动力。

03 符号性叛逆

符号性叛逆是青少年用以展现独立性和个人风格的一种表达形式，它涉及使用文化元素作为反抗的工具。例如，一个青少年可能选择听特定类型的音乐、穿着特殊风格的服装，或使用某种独特的俚语，来表现他们与主流文化或家庭价值观的不同。这不仅是反映个人品味的行为，更是青少年表达自我、寻找适合自己的群体的一种尝试。

从符号相互作用主义（Symbolic Interactionism）的角度来看，符号性叛逆不仅仅是个体的自我表现，也是社会互动的产物。青少年通过这些文化符号与他人交流，开启关于自我认知的协商过程。他们的自我概念在与周围人的互动中形成和不断改变，其中很大一部分就是通过这些符号性的行为与他人共享自我概念。

04 政治性或意识形态叛逆

政治性或意识形态叛逆涵盖了一个更广阔的领域，与青少年的认知发展密切相关。通过对社会政策、公共事务的关注和参与，青少年显示出了对于当前政治和社会结构的批判性思考。当青少年开始理解并对社会正义和全球事务进行质疑时，他们可能会通过参加示威、参与志愿活动或支持特定政治议题来表达自己的观点。

在心理发展的背景下，这种叛逆可以看作是青少年进入埃里克森的心理社会发展中的"同一性对抗角色混淆"阶段的一种体现。他们试图通过参与社会活动来为自己的信念找到一个具体的表达形式。因此，政治性或意识形态叛逆不只是简单的反抗，它是青少年行使公民权利、形成责任感和承担社会责任的一种方式。

这种参与感和觉醒，表现了青少年道德发展中的阶段性进步，这时候的他们开始从道德发展的"常规道德水平"向"后常规道德水平"过渡，这是柯尔伯格道德发展理论的一个关键步骤。这一阶段的青少年已经能够超越个人利益，考虑更广泛的、普遍有效的道德原则。

三、叛逆心理的定位

叛逆心理，在心理学的缤纷画卷上，如同斑斓色彩添加了层次与深度，它穿越于生物学的遗传继承、心理学的个体认知，以及社会学的群体行为规范之间，成为一个多维度交织的复杂现象。对青少年叛逆的认知与理解，不仅构成心理健康专业人士的核心工作，也是每一个关心青少年发展的人士需要探索的课题。以下是对于叛逆这一心理现象更为细致的定位分析。

01 叛逆在生物心理社会模型中的定位

生物心理社会模型使得叛逆超越了生物性或心理性单一因素的解释范畴，这个模型为我们揭示了一个基于跨学科交叉的真理：青少年的叛逆是生物、心理和社会三种力量交集的产物。这种力量的交织显示在青少年逐渐成熟的大脑生理结构中，涌现在他们学习如何调节自己情绪的过程里，回荡在他们与周遭环境互动时对社会环境适应性的反馈循环中。荷尔蒙分泌的盛衰涨落、心理状态的起伏不定，以及嵌入于社会和文化语境的行为模式，这些因素模塑出一个全面反映青少年个体差异的叛逆行为图像。

02 叛逆在心理社会发展理论中的定位

在心理社会发展的背景下，叛逆是青少年人生旅程中不可或缺的深刻体验。根据埃里克森的理论，青少年时期是个体锻炼和发现自我认同的重要阶段。在这一阶段，每一次的挑战和尝试，每一次的疑问和探询，都是他们对自身定位的一次次深入追问。他们可能通过反叛父母、挑战权威，甚至拒绝遵守传统规范来彰显自己的独立性和个性。这种心理动态是青少年塑造自我的助燃剂，是他们在自我确认与社会期待之间寻求平衡的努力。这些努力最终汇聚成他们未来成年身份认同的基石，铺设了成长路径上的每一块里程碑。

03 叛逆在认知发展理论中的定位

在皮亚杰的认知发展理论框架下，叛逆被看作是自我探索和世界认知能力发展的一个重要标志。随着青少年进入形式运算阶段，他们开始逐渐掌握抽象思维和逻辑推理，这使得他们对于成人世界的规则和常识产生了自然的疑问和挑战。叛逆在此阶段不再是无意识的行为，而是一种反映他们逻辑思维增强和内在世界扩展的行为。他们以批判的眼光去审视社会现象，试图通过挑战权威与传统来构建自己独立的见解和理念。这种对既定智者决策的质疑，正是他们自我认知提升和思想独立形成的重要过程，这一过程对他们将来作为理性成人参与社会活动有着不可估量的价值。

04 叛逆在行为心理学中的定位

在行为心理学的路径下，叛逆被解读为青少年对环境刺激的一种行为反应。这种心理学流派强调可观测行为的重要性，提出叛逆行为可能是青少年在试图获得父母、老师，或者同伴群体的关注和认可。例如，当青少年感受到环境或情境的压力时，他们可能通过反抗或出格的行为来引起他人的注意，从而获取所需的反馈。

此外，行为心理学还揭示了青少年可能会对程式化的生活和僵化的规则感到厌倦，通过叛逆行为寻求新的体验和刺激，这既是对枯燥现实的一种逃离，也是寻求自我创造空间的手段。从行为心理学角度出发，青少年的叛逆可被视为一种自我表达和沟通的工具，以及一种试图改变或控制其环境的策略。因此，对于家长和教师而言，理解青少年叛逆的行为背后动机，以及如何正向地加以引导和响应，成为有效沟通和教育的关键。

四、青春期叛逆的普遍性与个体差异

在我作为心理咨询师的职业生涯中，在与众多青少年及其家长交流后，我深刻体会到青春期叛逆的多样性，只有你想不到的，没有青少年做不到的，青少年的叛逆存在着明显的个体差异。然而另一方面，青少年的叛逆又是跨文化和社会阶层的，这一阶段几乎所有的青少年都会有不同程度的叛逆表现，也就是说青少年的叛逆带有一定程度的普遍性，而这些叛逆行为，通常涉及对权威的挑战、对现实的不满，以及对一些生活规则的抗拒。

01 叛逆的普遍性

青春期叛逆的普遍性的基础源自青少年的生物学变化的高度一致性。性激素的增加、二次性征的出现，以及来自大脑内在结构的调整，均推动了青少年对自我身份和周围世界的重新认识。叛逆作为这个发展过程的一部分，可视为青少年完成个体化所必经的途径。

在青少年的自我探索过程中，他们变得越来越独立，并开始形成自己的价值观念和信念体系，而这往往与成人世界的标准相冲突。因此，叛逆也是青少年扩展社会经验、挑战规则、学会自主决策的方式。这种叛逆不仅是个体生长的象征，而且也在一定程度上推动了社会的进步和文化的更新。

02 个体差异的现实

尽管叛逆往往是青少年发展过程中的一个普遍现象，但个体间的差异却是不可忽视的。叛逆的形式、程度和频率在每一个青少年身上都有所不同。这些差异受到许多因素的影响，其中包括但不限于家庭结构、社会经济状况、教育资源、遗传因素、同伴影响、文化背景，甚至个人经历。例如，在一个充满爱和支持的家庭环境中长大的青少年，可能会有更温和的叛逆行为。相反，在家庭冲突或关爱缺失的环境中成长的青少年，其叛逆行为可能表现得更加极端。

从个人经历角度来看，每个青少年的经历都是独一无二的，这些经历在不同程度上塑造了他们如何理解和对待周边世界。因此，个体差异在叛逆表现上非常明显。有的青少年可能表现出对学校规则的不满，而有的青少年可能在家庭生活中显得更为对立。

03 理解与应对青春期叛逆

理解青春期叛逆的普遍性和个体差异对于家长、教育工作者,甚至同青少年打交道的专业心理咨询师都至关重要。我们需要承认叛逆的存在,不能单纯地将叛逆视为问题行为,而应该理解它在青少年发展过程中的价值和必要性,并理解这是青少年成长的一部分。我们需要提供的是支持和指导,而不是惩罚和压制。

对于表现出叛逆行为的青少年,需要采取细致入微的方法处理。例如,采取更加多样化和个性化的应对策略,通过与青少年建立信任关系,积极听取他们的声音,尊重他们的个人经历和感受,并为他们提供符合他们成长需求的环境和资源,我们可以引导他们通过更加适合自己的方式表达个性和实现个人成长。与此同时,培养青少年的自我反思能力和情绪调节技能也很重要,这有助于他们自我管理叛逆行为。

第二节 叛逆心理学的历史背景与重要性

一、叛逆心理学的历史演变

叛逆心理学，作为研究青少年行为和心态的心理学分支，其历史悠久且丰富，其历史演变是与青少年的认知和社会地位的变迁密切相关的，最早可追溯至心理学这一学科诞生和青少年概念形成的时期。

01 早期研究与理论探索

在 20 世纪初，心理学研究逐渐兴起，而叛逆心理学作为一个研究领域尚未明确成型。科学家和心理学家通常关注广泛的生长发育和心理变化问题，此时的青春期叛逆现象，并没有被充分地识别和分析。在当时的医学文献中，青少年的变化多被当作是生理发育的一部分，而青春期的心理特征则被简述成身体变化的自然反应。

02 广义青少年概念的确立

直至 20 世纪前中叶，人类对于青少年这个特殊群体的理解逐步深化，青少年概念逐渐确立。斯坦利·霍尔在他的研究中明确指出了青春期是个体发展中独立且关键的一阶段，突出了这一时期所特有的心理和行为属性。霍尔提出的"风暴与压力"的观点描绘了青春期充满冲突的特征，而叛逆正是这些冲突中的显著表现之一。这一理论开启了叛逆心理学研究的新纪元，使得叛逆行为首次在心理学领域中受到系统化的关注。

霍尔的工作为之后的研究打下了坚实的基础，使得更多的学者开始针对青少年的叛逆行为展开研究，尝试从心理学和行为学的角度，剖析青少年叛逆行为背后的忧虑、冲动和需求。随着时间的推移，越来越多的理论与研究开始涌现，如无意识心理学、行为主义等，逐渐构建起一套关于青少年叛逆心理学的研究体系。

03 心理社会发展理论的引导

更为细致地解读埃里克·埃里克森的心理社会发展理论，可以发现它为理解青少年叛逆提供了极为深刻的心理学视角。他深化了对青少年期个体心理需要的理解，将之归纳为八个阶段的心理社会发展，每个阶段都伴随着特定的危机和挑战。埃里克森认同青春期是构建个人身份的关键转折点，在这个阶段，青少年的叛逆行为不仅仅是为了对抗父母和传统的价值观，更是一种本能的内在驱动，一个寻找和确立个人在社会中地位和角色的过程。叛逆成为一种通往成熟和自我理解的阶梯，一个通过冲突和自我探索来沟通内在与外在世界的桥梁。这个视角极大地改变了人们对青少年叛逆行为的判断和应对策略，激发了新一轮青少年个性发展和心理健康的研究。

04 发展心理学与认知发展理论

发展心理学领域的巨擘——让·皮亚杰，提出的认知发展理论将青少年叛逆的理解推进到一个新的层次。皮亚杰认为，随着认知能力的发展，青少年进入形式操作阶段，他们开始有能力进行假设性思维、抽象推理，并在情感和道德层面呈现出更高级的逻辑。这种认知能力的飞跃让他们的思想不再受限于切身经验，批判性思维的萌发自然地驱使他们挑战现有的权威和规则，为自己的行为寻找深层的理由和意义。皮亚杰的理论强调，这一发展过程中的叛逆不是青少年反社会性格的表现，而是他们思考世界、定位自身乃至自我认同形成过程中的一种正常现象。这一理论对心理学家和教育工作者理解和应对青少年叛逆行为产生了重要影响，使其能更全面地考虑和平衡青少年的身心发展需要。

05 行为心理学的应用

随着20世纪中叶行为心理学的崛起，叛逆心理学的焦点转向了对行为的可观察性和环境刺激对行为的影响。伊万·巴甫洛夫的古典条件作用理论和B.F.斯金纳的操作性条件作用理论为我们提供了理解叛逆行为背后因果关联的强有力工具。在这个视角下，青少年的叛逆被视为一种学习获得的行为，通常是对家庭环境、学校制度或社会文化预期的反应。例如，如果青少年因特定的叛逆行为而获得注意或权利，他们可能会通过重复这种行为去加强自己的地位或优越感。同样，行为心理学也强调了纠正机制的重要性，它指导家长和教育者实施适当的奖励和惩罚，以塑造更符合期望的行为模式。

06 近代心理学的整合视角

现在心理学领域的发展也未尝停滞，青春期叛逆心理学在近代更呈现出了整合多个理论框架的趋势。多元文化心理学针对不同文化背景下的青少年叛逆行为进行了探究，实现了更细致的文化敏感度；系统家庭治疗为理解家庭系统中的角色动态和交互作用提供了新的思维角度。这些新兴理论的结合开启了一个全新的认知阶段，在关注青少年个体行为的同时，也考虑到家庭结构、社会文化等多个因素对其心理发展和叛逆行为的复杂影响。

07 现代心理学研究

21世纪的青少年叛逆心理学正经历着一场由神经科学驱动的变革。当今研究者借助功能性磁共振成像（fMRI）等先进技术，揭示了青少年大脑在叛逆行为中的神经活动模式，以及与决策、风险评估和奖赏系统的联系。神经生物学的突破使得我们不再仅是在行为层面解释叛逆，而是能够深入至大脑的微观机制去寻找答案。现代心理学的研究正在将叛逆心理学推向一个前所未有的高度，为预防和干预青少年叛逆行为提供更为精准和个性化的方法。通过这种跨学科的合作，未来的青少年叛逆心理学研究将更加深入，为青少年健康成长和心理干预开辟新路径。

二、当代社会中的青春期叛逆现象

在信息化、全球化的当代社会中，青少年叛逆现象呈现出更为复杂多变的特点。科技进步为青少年群体带来了更广阔的信息获取渠道，但同时也带来了新的挑战和压力。互联网和社交媒体平台成为青少年建立社会关系的新途径，影响着他们的自我观念和行为取向。

01 数字化背景下的叛逆

在数字时代，逆反行为的表达途径已经远远超越了现实生活中的个人或小群体互动。互联网为青少年提供了一个全新的展现自我和表达观点的舞台。不再受地域和现实身份的限制，他们可以在网络平台上，如论坛、社交媒体、博客、视频网站等，匿名或半匿名地分享自己的反叛思想和观点。这种叛逆行为在网络空间中如同火种遇风，有时会迅速被放大，通过点赞、转发和讨论等形式在网民中传播开来。由此，网络不仅是表达叛逆的新途径，更是青少年探索自我、寻求同理和建立社会联系的新战场。

02 价值观碰撞下的叛逆

全球化的潮流使世界变得越来越小，异国文化和价值观进入每个角落，特别是通过互联网，丰富多彩的信息轻而易举地跨越千山万水，影响着青少年对世界的认知。不同国家和地区的文化交融，本土文化与外来文化的相互影响，也给青少年的文化认同带来了挑战。他们既要面对传统文化与现代价值的碰撞，又要跟对全球化快速发展的步伐。面对这些变化，青少年可能会感到困惑和冲突，认同感受到威胁，从而采取叛逆的行为形式来表达自己的不满和迷茫。

在寻求自我身份的过程中，一些青少年可能会通过质疑或挑战传统文化规范来建立自己独立的价值观。他们可能会与家长或社会的保守观念发生冲突，试图在全球文化的大熔炉中寻找适合自己的位置。这种叛逆不仅是对传统文化的回应，也是他们理解和适应新文化的努力。

小明是一名高中生，他的家庭非常传统，父母对他的期望很高，希望他能够考上名牌大学，找一份稳定的工作。然而，小明对这种生活方式并不感兴趣，他热爱表演，渴望成为一名艺术家。这导致了他与父母在价值观上的冲突。

小明在课余时间参加了学校的表演队，每天都会花费大量时间练习表演。然而，他的父母认为这是不务正业，担心他会因此耽误学业。尽管父母多次劝说，小明仍然坚持自己的兴趣。此外，他还开始拒绝参加一些父母安排的补习班，与他们发生争吵，表现出明显的叛逆行为。

小明的叛逆行为源于他与父母在价值观上的差异。父母希望他过上稳定、有保障的生活，而小明想要追求自己的梦想，渴望实现个人价值。这种差异导致了家庭矛盾，使小明产生了叛逆心理。

03 人际关系下的叛逆

人际关系也是导致叛逆行为的一个关键因素，这其中包括青少年与朋友、同学、恋人之间的互动。

在同伴关系中，叛逆行为往往与归属感和认同感的缺失有关。当青少年感觉自己在同龄人群体中无法融入时，他们可能采取反抗的行为，以此来吸引注意或者表现出自己的特殊性。他们可能会通过质疑主流价值观或挑战权威来对抗现状，试图在同伴中建立自己的地位。

在学校环境中，与同学的关系也可能造成叛逆。学校是青少年社会化的主要场所，如果他们在这个阶段遇到排斥、欺凌或其他形式的负面人际互动，这可能触发他们内心的抵抗和反叛。面对同学间的固定社交圈子和集体行为标准，一些青少年可能会选择与之抗衡，表现出厌学或反对学校规定的行为。

恋爱关系中的叛逆则更多地涉及情感的深层次问题。在青春期，恋爱经历常常伴随着强烈的情感和个人界限的探索。感情的失败或挫折可能会引发青少年的叛逆反应，如公开挑战父母关于交往的看法，或是在恋爱关系中故意违反约定，以此来处理内心的痛苦或维护自尊。

青少年在人际关系中展现的叛逆，往往是一种自我保护的机制，试图通过对抗外界压力来守住自我边界，同时也是他们试图寻找个人身份和独立性的一种方式。作为咨询师，我们需要深入理解青少年面临的人际关系压力，并提供合适的心理支持和干预，帮助他们建立积极的人际关系，有效应对青少年期的叛逆行为。在这个充满变量的时代，心理咨询师的角色变得更为重要，我们有责任用专业的知识和技术引导青少年健康成长，避免叛逆行为的过多发生和加剧。

小冯，17岁的高一学生，出身于一个家境优越的经商家庭，有一个弟弟。她的人际关系经历了一系列的波折，特别是恋爱关系的失败，使她在人际互动中逐渐形成了叛逆行为。

小冯在初二上学期开始交男朋友，但到了寒假两个人由于经常争吵而选择分手。分手后的生活对她来说是一个新的开始，但随之而来的是一段时间的居家网课学习，这段时间她一直与外界隔绝。这种孤立的状态导致她在个人关系和学习上都感到不适应，尤其是当她再次回到学校环境时。初三分班后，她不幸地与前男友分到同一个班级，两人的关系变得异常紧张。前男友甚至在同学间散播不实言论，导致她被孤立，深受欺辱。在尝试寻求解释和沟通未果的情况下，人际压力变得越来越大。这种持续的压力使小冯选择离开学校，在家中接受补课，并一直没有返回学校，直至升入高中。

进入高中后，新学校的环境使小冯倍感压力，尤其是在经历了三个月的居家网课学习之后，她对学校产生了极强的反感，选择不再去上学。暑假开学后，她的母亲将她转到另一所新学校，希望能给她一个新的开始。然而，仅仅在新学校住了一周后，小冯再次感到不适应，强烈要求回家，在家中待了很长一段时间。

妈妈最终将小冯带到咨询师那里。在咨询室里，小冯表现出的状态相当矛盾。虽然她平时表现地活泼、爱笑，但在咨询室中，特别是在第一次和第六次咨询时，她曾哭泣，显现出内心的脆弱。在咨询过程中，她与咨询师讨论了自己对学校的不适应以及母亲的不理解。

经过几次咨询，小冯在第四次之后决定回到学校，但她仍然与母亲和咨询师通过微信联系，以便持续解决她的心理问题。经过一系列的咨询和心理干预，小冯开始理解和处理自己的人际问题，学会了如何适应新的环境并建立更加稳定和健康的人际关系。

04 新型家庭下的叛逆

随着时代的发展，家庭结构的多样化已成为社会常态。单亲家庭、再婚家庭的增多为青少年的成长环境带来了或好或坏的影响。曾经作为社会主流的两亲核心家庭被新型家庭结构所挑战，不同的家庭环境孕育出不同的青少年成长经历。

在单亲家庭中，因为家庭结构的不完整，青少年可能在某个层面缺少相应的性别角色模型，导致对性别身份的认同产生疑问。同时，单亲家庭的经济压力与孩子的情感需要之间可能存在矛盾，父母空缺的角色可能无法为青少年提供全面的情感支持，这种心理感受会通过叛逆行为的方式表现出来。

再婚家庭则给青少年带来了适应新家庭成员的挑战。面对新的父母与兄弟姐妹，青少年需要重新调整自己在家庭中的位置，这对其情感和心理均是一种考验。调适的过程中，青少年可能由于归属感的缺失或是对新家庭成员的不接受，而表现出排斥、冷漠甚至叛逆行为。

洛洛，一个非常可爱的10岁小女孩，跟妈妈一起生活，爸爸在其7岁时自杀，妈妈未再嫁。初见时洛洛给人留下的印象是多才多艺，妈妈说孩子学过舞蹈、绘画、架子鼓，成绩名列前茅。

妈妈一人承担全部家庭重担，教育洛洛的时候偏于权威专制。妈妈过于偏重对孩子的智慧才艺教育，尽管经济困难，还是花4000多元的学费给孩子报架子鼓培训班。她对洛洛学习方面要求严格，教育投入很大，但很少教洛洛如何与人相处，也很少让洛洛自己动手做事。

后来的接触中，咨询师发现洛洛的朋辈关系非常紧张，遇事偏执，平时除了学习相关的事和妈妈几乎没有什么交流，和身边同学交流也较少，只有一个住楼上的王某和洛洛关系较好。因为王某的妈妈教育王某，洛洛家庭很不容易，要多关照洛洛。

洛洛特别希望得到其他人的关注，不希望别人说自己不乖，有时具有轻微的攻击性。

05 教育压力下的叛逆

在教育领域里，过去传统的教育模式正在被新的理念和方法所挑战。为了在未来的职场中站稳脚跟，青少年被迫承受着越来越多的学业压力。这与年轻时期对生活的探索和自我认识的需求很容易产生矛盾，引发青少年的逆反心理。同时，家长与社会对于高学历和高收入职业的崇尚，无形中给青少年增添了沉重的负担。这种压力常常超出青少年的承受能力，使他们在学习和未来规划方面感到无助和焦虑。

为了应对这种压力，一些青少年可能采取逃避的态度，通过拒绝上学、故意逃课或不遵守规章制度等反叛行为来表达内心的不满。长期的压力可能会影响青少年的心理健康，导致焦虑症、抑郁症，甚至自我伤害行为的发生。因此，对于现代青少年来说，如何平衡教育与职业预期的压力，成为他们成长道路上的一大课题。

小杰今年14岁，上初中，马上就要中考了。他的父母四十五六岁，在他很小的时候就离婚了，具体细节他不太清楚，现在跟父亲生活在一起。

最近，小杰出现了一些困惑和烦恼。他不想学习，感到极度无聊，并对学习的目的产生了怀疑。当他发呆时，这些问题似乎暂时消失了。他的父亲描述说，小杰以前学习很好，但现在却失去了对考试的兴趣。尤其是在这次考前，小杰显得格外焦虑，这在过去是从未发生过的。父亲感觉到孩子承受了很大压力，在送他去学校时，小杰似乎有些紧张和不高兴，但他并没有抗拒上学。

在班级里，小杰成绩优异，排名第三。他对那些专注于学业、勤奋学习的同学有些不屑，认为他们变成了只会学习的机器，而他自己则不想变成那样。小杰表示，他不明白学习的真正意义是什么，他观察到那些努力学习的人未必能够获得真正的成就，而那些不努力却生活优渥的人则让他感到迷茫。

小杰向咨询师反映，他回顾过去的学习经历，发现自己总是在重复相同的题目，没有新知识点的探索，答案总是显而易见，他感到难以激起学习的兴趣。小杰和老师的关系不错，老师也对他寄予了很高的期望，希望他能考取第一名。但小杰担心，如果达不到这一目标，是否会失去老师的尊重，是否对不起寄予厚望的老师。

自小杰有记忆以来，他就表现出强烈的上进心，爸爸总是对他的学习成绩非常开心，但如果考得不好，他似乎并不特别在意。小杰本人表示他已经失去了学习的好奇心，找不到做任何事情的动力。即使在小时候，他就没有明确的兴趣爱好，虽然父亲为他报名了各种兴趣班，但他从未真正产生兴趣。他对几乎所有事物都缺乏热情，从小到大，他的生活几乎只围绕着学习，而对其他的任何兴趣爱好都心不在焉。如今，他发现自己找不到生活的意义和前进的动力。

三、叛逆心理学在现代社会的应用与价值

在青少年发展的脉络中，叛逆往往被视为一种负面现象，然而，叛逆心理学的研究对于理解后现代青少年的行为和心理状态至关重要。它在教育实践、家庭生活、个人成长与社会发展中均有重要应用和深远影响。通过对叛逆心理学的研究和理解，我们可以更好地认识青少年的内心世界，为其提供更精确的教育方向、心理支持和干预措施。

01 教育领域的应用

教育体系中的青少年叛逆心理学不仅能帮助教育者理解学生行为背后的动机,还能指导他们运用科学的方法来应对各种教学和学习过程中出现的挑战。青少年的叛逆行为通常是多方面因素影响的结果,通过叛逆心理学的应用,老师可以更加深入地了解学生在青春期发生的生理和心理变化,以及这些变化如何影响他们的情绪和行为。例如,老师可以基于这些知识设计课堂活动,增加学生的参与度和兴趣,减少课堂纪律问题。此外,通过关注学生的心理健康,学校可以联合家庭对有需要的青少年进行早期干预,从而改善学生的学习体验,预防学业挫折和退学问题。

02 家庭关系改善

在家庭关系中,叛逆心理学的应用具有重要的修复和建设性作用。父母在理解叛逆心理学的基础上,能够更加有效地管理和缓解与正值青春期的孩子们之间的冲突。在叛逆期,青少年往往在寻找自我身份和独立性,这个过程可能伴随着与父母意见的差异和冲突。通过采用叛逆心理学中的交流技巧,父母能够更好地理解孩子的独立需求,用支持和引导取代命令和强制。这不仅能帮助父母和孩子建立一个更加和谐的沟通平台,同时也有助于提高家庭的整体功能,促进青少年成员在安全和支持性环境中成长。此外,父母还可以通过这些策略来防止或解决现有的家庭矛盾,增强家庭成员间的亲密关系,为青少年创造一个更健康和稳定的成长环境。

03 青少年心理健康促进

叛逆心理学在青少年心理健康促进上具有关键性作用。此学科领域的研究深入探讨了青春期叛逆行为背后的心理动因,包括求知欲、自我认同、自尊心、自我效能等多个方面。心理健康专业人士能够利用这些深入的洞察研究，开展个体化的心理咨询，提供情绪调节、行为矫正和认知改变等方面的辅导。通过具体的心理教育和治疗干预，专业人士能够帮助青少年识别和管理不良情绪，提高他们的应对能力，降低叛逆行为可能导致的心理健康风险。例如，针对叛逆青少年的认知行为治疗可以帮助他们重新构建积极的自我观念，改善人际交往策略，增强其社交技能，减少孤立感和无助感。

04 社会和谐与进步

叛逆心理学对于促进社会和谐与进步有着不可估量的贡献。它通过强调青少年个体在社会中的作用和责任，鼓励青少年参与社会活动，认识并贡献于社会的正面价值。这一学科不仅仅关注个体的发展，更关注青少年群体与社会环境之间的互动。它能帮助青少年识别不健康的叛逆行为背后的社会根源，如社区暴力、家庭破裂、校园欺凌等，并通过促进社会改革和提升社区资源来解决这些问题。

此外，作为一个重要的研究领域，叛逆心理学还为政策制定者提供了重要的科学依据，使他们能够设计出更为有效的青少年发展计划和社会干预措施，减少青少年的边缘化和社会排斥，从而达到降低犯罪率和提升青少年整体福祉的目的。它还促进了社会慈善和志愿服务活动，这些活动能够为青少年提供表达自己、服务社会的途径，充分展现了叛逆心理学对于培养有责任感的公民的重要性。总的来说，叛逆心理学实际上帮助我们建立了一个更加包容、理解和支持青少年的社会环境。

02

第二章

青春期叛逆心理的根源

第一节　生理发展带来的心理变化

一、性别与年龄在生理变化中的角色

在青少年发展中，性别和年龄都是影响生理变化及随之而来的心理变化的关键因素。随着青少年步入青春期，男孩和女孩都会经历明显的身体和生理上的变化，这些变化往往同步伴随着他们情感和心理领域的深刻变革。

01 性别在生理变化中的角色

性别是影响青少年生理及心理发展的一个不可忽视的元素。在青春期的到来之际，性别以显著不同的方式塑造了个体的成长经历。

对于女孩来说，除了比男孩更早地面临如月经和乳房发育等明显的生理变化之外，她们还往往在较早的年龄开始意识到社会对于女性形象的期待和规范。这些期待可能会给她们带来额外的心理压力，如围绕体重和体态的焦虑，以及对于成长速度与同龄人比较产生的自我意识问题。

男孩在青春期的生理变化则在时间上相对晚些，包括声音低沉、第二性征的显现等。男孩们在青春期的心理变化中，可能会更多地关注自己的力量感和独立性。他们可能在生理变化的驱动下开始更加重视体育活动，渴望在力量和竞争中寻求自我肯定。此外，青春期男孩在性别角色探索中可能还会有对于社会定义的"男子气概"的认同和内化，这可能包括对于勇气、自主性和领导力等特质的模仿和追求。

02 年龄在生理变化中的角色

年龄在影响青少年生理发展的同时，对心理变化同样起着决定性作用。在不同的发展阶段，个体的身心状况和认知结构都在不断变化，这些变化与他们如何理解和应对身体的生长密切相关。在青春期的早期，青少年可能还未能完全理解或准备好面对身体和情感的变化，这可能会导致他们感到困惑、不安甚至恐惧。他们可能会对突如其来的生理现象（如嗓音变化、第一次经期）感到惊讶，甚至感到不知所措。这个阶段的青少年需要更多的教育和心理引导，以便更好地理解这些变化并开始学习如何处理。

随着年龄的增长，青少年逐渐积累了更多的生活经验和社会知识，他们的问题解决能力和应对策略也随之成熟。这意味着他们可以更理性地分析和处理与生理变化相关的问题，比如接受自己身材和体形的变化，了解自己性别角色的社会意义，以及处理异性交往中可能出现的不同情感体验。此外，年龄较大的青少年也趋向于在同龄人中寻找支持和认同，他们可能会更积极地参与社交活动，为自己在这个新阶段寻找一个合适的位置。

03 性别与年龄结合产生的独特心理变化

将性别和年龄两个因素结合起来，我们可以观察到一些独特的心理变化模式，这些模式反映了青春期个体对生理变化复杂而细微的心理响应。进入青春期的年长女孩不仅要处理她们自身生理发展带来的挑战，还要面对社会对于成熟女性角色的期望。这可能会使她们感到自身的性别角色有一种更迫切的变化压力，从而影响到她们对同龄人、未来愿景以及个人价值观的看法。

对于年长的男孩来说，他们可能更关注体育成绩、自我力量的展现以及通过外貌变化来构建个人地位。在心理层面，这可能会促使他们更加注重自我效能的体验和群体地位的争取。此外，年长男孩可能会更倾向于通过冒险行为来证明自己的独立性和男子气概，这也是他们回应心理变化和社会期望的方式之一。

这种由性别和年龄交集产生的心理变化不仅关系到青少年个体的发展，也影响着他们与家庭、学校和更广泛社会的关系。因此，了解这一心理变化模式对于支持青少年的成长和促进其心理健康至关重要。父母、教育者和社会工作者需要密切关注青少年在这个阶段可能出现的心理需求，提供适宜的指导和支持，帮助他们建立起健康的自我概念和社交能力。通过这种方式，可以促进青少年平稳过渡到成人期，为其未来的人生道路打下良好的基础。

二、心理发展阶段与叛逆心理的关系

在青少年的生理发展过程中，与之同步发生的心理变化尤为复杂。这一时期，他们的心理发展经历了几个关键阶段：自我意识的觉醒、认同感的搜索和自我效能感的形成。这些阶段之间的交错往往和叛逆心理紧密相关。值得注意的是，心理发展的每个阶段都有其特定的心理任务和发展目标，这些任务和目标与青少年的叛逆行为密切相连。适当的叛逆可以看作是青少年正常心理发展的必经之路，是他们建立自身认同和独立性的一种尝试和探索。

01 自我意识的觉醒与叛逆

当青少年进入关键的成长发展期，他们身体的显著变化无疑会引发一系列心理和情感上的变革。这个时期，他们开始对自我有了新的理解和认识，对自己的身份、能力以及他们在社会和家庭中的角色有了更深层次的思考。自我意识的觉醒使青少年对个体独立性充满渴望，他们开始探索自己的兴趣、信念和价值观，希望在这些领域中找到个人定位和目标。

这种觉醒常常会激发青少年挑战现状的冲动，他们可能会对传统的家庭价值观、学校的管理制度，甚至社会的规范性期望持有怀疑态度。在试图塑造自己独特的个性和认同的过程中，青少年有时会拒绝遵从成人的指导和建议，反而选择更加批判性的思考方式。这种表现常常被视为叛逆，如穿着打扮的变化、对普世价值观的挑战，或是在学校与老师发生冲突。

这一阶段的自我意识觉醒并不总是负面的，实际上它是青少年成长过程中必要的一环。通过叛逆，青少年表达了自主性的需求，他们希望建立一个独立于父母和其他成人的自我。他们需要空间和机会来实验、失败和学习，这对他们构建独立的成人身份是至关重要的。

然而，这种自我意识的觉醒如果未能得到正确的引导和理解，有时可能会沿着消极的路径发展。过度的叛逆可能会导致家庭关系的紧张、学业失败或社交障碍。因此，了解这一阶段的心理机制和可能的行为表现对于家长、教师及心理咨询师是极其重要的。他们需要提供合适的支持和引导，协助青少年建立一个健康、积极的自我认同，而不是简单的压制或忽视他们的叛逆行为。通过正面的交流和理解，他们可以帮助青少年更好地管理自我意识觉醒带来的挑战，健康地过渡到成年阶段。

02 认同感的搜索与叛逆

在青少年心理发展的旅程中，认同感的搜索是一段探索性极强的过程。这涉及青少年对个人在社交、学业、职业以及文化等多方面定位的探求。在这个探索阶段，青少年往往会尝试多样的社会角色，并在此过程中定义自己的个性和偏好。这一过程中的尝试可能包括更换兴趣圈子、摸索不同的未来职业路径，或是探索新的思想和信仰体系。

　　由于认同感的形成并非一帆风顺，青少年可能会经历一段充满挑战和反叛的过程。为了打破加诸自身的框架，他们可能会有意识地违背社会规范或挑战既定的权威，通过这种对抗行为来尝试并犯错，最终找到一个对个人而言最有意义的定位。这种行为虽被视为叛逆，但其实是个体探索自我身份的一种必然和自然的行为表现。

　　小赵处于青春期时，逐渐开始意识到自己的独特性，不再满足于盲从父母和老师的安排，开始寻求自我价值的认同和个性的展现。

　　以前，小赵总是顺从父母的意见，无论是学习还是生活上的事情，他都习惯性地听从安排。然而，随着年龄的增长，他开始对自己的兴趣、梦想和未来有了更明确的想法。他渴望能够自由选择自己想做的事情，而不是被束缚在别人的期望之中。

　　一次，小赵的父母希望他能够报考一所知名的理科大学，因为在他们看来，理科专业有着更广阔的就业前景。然而，小赵却对艺术充满了热情，他渴望成为一名画家。面对父母的期望和自己的梦想，小赵开始感到矛盾和迷茫。在一次家庭聚会上，小赵鼓起勇气表达了自己的想法。他坦诚地告诉父母，他对理科并不感兴趣，而是想要追求自己的艺术梦想。然而，他的父母却认为他是在叛逆，不理解他的选择。他们试图说服他改变主意，甚至用严厉的语气责备他。面对父母的反对，小赵并没有退缩。他更加坚定地相信自己的选择是正确的，他开始用自己的行动来证明自己的价值。他努力学习画画技巧，参加各种艺术展览和比赛，逐渐在艺术领域取得了一些成就。

　　在这个过程中，小赵逐渐认识到自己的价值所在，他不再过分依赖父母的意见，而是学会了独立思考和做出自己的选择。他意识到，每个人都有自己独特的才华和潜力，只有找到真正适合自己的道路，才能实现自己的价值。最终，小赵的努力得到了父母的认可和支持。他们开始理解他的选择，并为他感到骄傲。小赵也在这个过程中学会了如何与父母沟通和协商，实现了自己的梦想和家庭的和谐。

03 自我效能感的形成与叛逆

自我效能感是指个体对自己影响环境和达成目标的能力的信念，指能够认识到自己掌控生活的能力可以显著提高个体的动机和幸福感。这对于青少年的自尊心及未来的成功至关重要。因此，青少年心理发展的另一个重要方面就是形成稳固的自我效能感。

在这个阶段，青少年可能会进行一系列的自我试验，如对自己的学习能力、社交技巧以及解决问题的能力进行自我挑战，以此来检验和证明自己的能力。同时，这一期间他们通常表现出强烈的独立愿望，比如对父母的规定产生反感和对学校纪律的反抗，也可以视为在尝试走出成人的阴影，建立自我独立性的篇章。

然而，在自我效能感的形成过程中，过度的叛逆行为可能会对青少年的成长造成不利影响。过度考验和挑战权威不仅可能导致人际关系紧张，还可能影响青少年在学校或者其他社会机构中的发展。因此，如何引导青少年在探索自我效能时坚持正确的途径，并将他们的叛逆能量转化为积极探索和内省的动力，是支持青少年健康成长过程中的关键挑战之一。

李明，一个16岁的青少年，正处于他人生中的关键阶段。他是班上的中等生，社交能力一般，但总有一种想要证明自己的强烈愿望。他的家庭环境较为严格，父母对他有着很高的期望，这也导致他在某些时候会对权威产生怀疑和挑战。

自我效能感的试炼：

（1）学习能力挑战：李明意识到自己的成绩并不突出，因此决定挑战自我，加入学习小组，并积极参与课堂讨论。通过不断的努力，他的成绩有了明显的提升，这增强了他的自我效能感。

（2）社交技巧的挑战：为了提升自己的社交能力，李明主动参加了学校的演讲比赛和社团活动。起初，他因为紧张而表现不佳，但随着时间的推移，他逐渐克服了紧张情绪，社交技巧得到了显著提高。

叛逆的表现：

随着自我效能感的提升，李明开始对父母的严格教育产生反感。他经常与父母发生争吵，质疑他们的决定，甚至有时故意违反家规以显示自己的独立性。在学校，他也经常挑战老师的权威，对一些规定进行质疑。

三、青春期生理变化对心理状态的影响

在青春期，青少年体验到一系列剧烈的生理变化，包括性激素的增多、身体形态的变化以及性特征的发展。这些生理上的变化无疑会对青少年产生深远的心理影响，并在很多情形下导致叛逆行为的出现。

01 激素变化与叛逆

在青春期，身体的快速变化会触发一连串心理变化，尤其是生殖激素的水平上升。雄激素的激增不仅影响了男性青少年的身体特征，还可能加剧其攻击性和竞争性行为。同样地，雌激素的变化也与女性青少年情绪的起伏密切相关。这些生理上的变动导致了不稳定的情绪波动，使青少年情绪多变和难以控制，有时甚至会因为琐事而产生急躁和暴躁的情绪。

在这一心理历程中，情绪管理的技巧尤为重要。若青少年未能获得恰当的支持和指引，他们可能无法理解自己的感受，进而选择通过叛逆行为来表达不满和沮丧。父母和教育者在这一时期需提供强大的情感支持和理解，帮助青少年学会如何妥善地处理情绪波动，掌握自我管控技能。

02 自尊与叛逆

对青少年来说，身体自我意识和自尊是分不开的。随着身体的生长和外貌的变化，青少年对自己的看法也随之改变。他们可能变得对自己的体重、身高、皮肤条件或身体的其他特征过分关注，这往往与同龄人之间的比较和社会传媒对完美形象的强调有关。

当这些生理变化遭遇外界的负面评价时，比如被同伴嘲笑或批评，会对青少年的自尊心造成严重的打击。这种心理冲击可能使他们通过抵抗成年人的标准和规范来建立与维护其自我形象。叛逆的行为形式也可能多种多样，包括穿着打扮上的反叛，在社交媒体上公然挑战传统价值观等。在某种程度上，这种叛逆可以被看作是青少年以新的方式重塑自己的尝试，并以此来推动自我价值感的提升。

在这个敏感的成长期，父母和教育工作者需要格外注意青少年自我意识的变化，并给予他们足够的鼓励和肯定。通过提供正面的身体形象教育和建议，让青少年了解多样化的美，并向他们传递无条件接纳的信息，可以极大地减少由自尊问题引发的叛逆行为。此外，教授青少年健康的自我评价技巧也是帮助他们构建积极自我形象，抵御外界负面影响的重要途径。

小花，16 岁，在一所名校里读初三，面临着升高中的压力。她的家人和老师一直在说上不了好的高中，在高考时就已经不和别人在一条起跑线了，无论如何都会落后别人一大截。小花周围同学的学习成绩也很好，一起玩的朋友成绩也在不断进步，一种无形的压力一直笼罩着她。尽管她一直很努力，但她的成绩始终无法达到她和家长的期望，这让她感到非常沮丧，压力倍增。

这样的状态持续一段时间后，小花产生了厌学心理，开始破罐子破摔，逃课、不完成作业，成绩一落千丈，也变得不再喜欢和朋友一起玩，不喜欢和家人在一起，甚至有些躲避人群，变得更加内向、沉默寡言。

03 性别化认知与叛逆

当青少年进入青春期，他们经历的不仅仅是身体上的变化，还包括对自己性别化身份的认知。在这个阶段，他们开始思考自己在社会性别框架内应如何行动，怎样的角色对他们来说是自然和合适的。然而，当社会的性别规范与个人的内在感受冲突时，青少年可能会感到困惑和不适，这种情感可能表现为对性别角色期待的反叛。

他们可能会有意识地违抗性别规范，如男孩展现出被认为是"女性化"的特质，或是女孩抵制"女孩行为"的限制。这样的叛逆行为不只是对性别规范的挑战，也是青少年探寻自我的方式。在缺乏正确引导的情况下，性别角色的困惑可能导致更广泛的心理压力和社交困境。

为了减少青少年因性别身份所带来的角色困惑，家长和教育者应鼓励青少年探索并接受个人的独特性，而不是强迫他们适应固定的性别框架。建立健康的性别身份意味着建立一个接受、理解和包容多样性的社会，其中个体可自由地表达自己，而不受限于传统性别角色的界限。

04 独立追求与叛逆

生理成熟必然伴随着认知和情感的成熟，青少年会逐渐感受到己身的力量与潜力。他们开始向往独立，并试图在家庭和社会中为自己争取更多发言权与自主权。这种对独立的渴望，在很多情况下会表现为对现有权威的挑战，无论是对父母还是学校或其他成人权威，青少年都可能试图设置自己的规则和边界。

在权力争夺中，青少年可能会通过违抗规则、挑战禁令或质疑传统来证明其力量和成熟性。而这种叛逆行为其实反映了他们对个人权力的探索与实践。在追求独立的过程中，良好的沟通和协商变得尤为重要，父母和教育者需要与青少年进行开放和支持性的对话，建立相互尊重和理解的基础。

对青少年而言，这是一个关键的转折点，如何在遵守社会规则与培养个人独立性之间找到平衡点，是他们心理成长的重要课题。家长和教育者的任务是引导青少年理解并建立适当的权威观和自主观，帮助他们学会责任与自由并存，从而逐渐过渡到成熟的成年人状态。通过这样的过程，青少年的独立追求不仅能被合理引导，还能成为他们未来人生路上的宝贵财富。

小钱是一名16岁的青少年，正在上高中。他的父母对他的学业有很高的期望，希望他能够进入一所名牌大学。因此，他们给小钱制定了严格的作息时间表，并限制了他的社交活动，以便他能够专注于学习。

一天，小钱在学校里因为一件小事与同学发生了争执，心情非常不好。回到家后，他感到非常压抑，因为他觉得自己没有足够的自由。当晚，他的父母发现他在房间里玩手机游戏，而不是复习功课。父母批评了他，并提醒他不要浪费时间。在情绪的驱使下，小钱突然爆发了，他大声对父母说："你们总是这样对我！你们只关心我的成绩，根本不在乎我快不快乐！"随后，他决定违反父母的规则，故意外出与朋友们聚会，在家无止尽地玩手机，尽管他知道这样做会让父母非常生气。

小钱渐渐醒悟现在的这种模式是在消耗自己和身边的人，希望学会好的情绪表达方式，好好地与父母相处。爸爸妈妈也觉得这样下去，家庭关系会破裂，小钱的前途也会走向未知。

第二节 社会文化背景与家庭环境的影响

一、家庭结构与关系对青少年心理的影响

家庭，作为青少年成长的第一个社会环境，对于他们的心理发展有着不容忽视的重要作用。家庭的结构和亲子关系的质量直接影响着青少年的情绪状态、行为模式和社会适应能力。

01 家庭结构的稳定性与情感支持

家庭在青少年发展中扮演着核心角色，它为青少年的成长提供了一个可预测的日常环境和秩序。在一个和谐稳定的家庭中，青少年能够感受到一种连续性和常规性，这有助于他们构建起对未来的积极展望以及提高处理问题的能力。家庭成员间的密切联系和支持，如父母的鼓励、兄弟姐妹的陪伴，都是青少年在成长道路上的稳固后盾。当青少年在遭遇生活压力或心理困扰时，更有可能得到家庭成员的理解和帮助。这种情感纽带不仅减轻了他们的心理负担，还促使他们学会表达和管理情绪，培养出与人和睦相处的能力。

然而，在一个家庭结构不稳定的环境中，譬如父母离异、再婚或长期分居等情况，青少年可能感受到较大的家庭压力和不确定性。这样的环境可能会导致他们在情感上被忽视或被遗弃，从而产生焦虑和不安全感。青少年的这种内心颠簸有时会通过挑战或反抗行为表现出来，以此

寻求独立性和自我证明。例如，他们可能会通过与父母争吵、拒绝遵守家规或者参与风险行为来寻求关注和表达抗议。

对于家长来说，了解家庭结构对青少年的影响至关重要。无论家庭状况如何，都应努力提供稳定环境和支持，以便青少年能够在面对生活的挑战时保持积极向上的心态。即使家庭遭遇变故，父母依然可以通过维持常态、营造和谐氛围、提供无条件的爱以及保持开放的沟通，来减少对青少年可能产生的负面影响。稳定的家庭环境和坚实的情感支持，可以有效地降低青少年因家庭因素导致的叛逆行为，帮助他们健康成长。

初三女生小佳，小学的时候有一个幸福的家，一家三口生活得其乐融融，父母也比较民主，遇事商量，对小佳也很疼爱，每年全家都会一起出游。

但是几年过后，小佳的父母因为感情问题而离婚了，之后分分合合三年，最终没能复婚。又过了一年，父母双方都组建了新的家庭，妈妈再嫁生了一个弟弟，爸爸另娶生了一对双胞胎妹妹。

小佳同学目前大部分时间都和爸爸生活在一起，偶尔会去和妈妈住一段时间，对自己的弟弟妹妹们很好。然而最近爸爸发现小佳整天和一群不好好学习的孩子在一起，成绩从班里的前几名掉落到了现在班里的中下游。

02 亲子沟通与理解

有效的亲子沟通能架起理解和信任的桥梁，它使得青少年在遇到难题时更愿意寻求父母的建议与支持。积极的沟通策略，如倾听与共情，可以帮助父母更深层次地理解孩子的需求与感受，从而提供更有针对性的指导。这样的互动不仅能加深父母与子女间的联系，也能帮助青少年学会有效地与他人沟通和表达自己。

然而，在许多家庭中都存在着代沟，这使得父母与子女间的沟通充满挑战。代沟可能由价值观的差异、对技术的不同理解、生活经历的不同等多种因素导致，当这种代沟未被有效地跨越时，青少年可能产生被误解和孤立的感觉，从而导致他们与其他家庭成员的疏远。这种距离感可能会促使青少年在同伴群体或网络社交环境中寻求归属感和认同感，有时会使他们受到负面影响或采取叛逆行为来证明自我的独立性。

下面是一位初三女生出现人际关系敏感现象后接受心理疏导的过程。

一位15岁的初三女生出现了人际关系敏感现象，不愿意与人交往，别人的举动总会让她怀疑其动机不纯，存在社交障碍。在心理咨询中，咨询师将访谈+箱庭疗法+催眠疗法相结合，对于其人际回避给予理解和支持，进一步通过引导帮助她在尊重过去的前提下构建未来，提升自己的人际交往能力，从而适应团体生活。

个案基本情况

15岁女孩，初三学生。爸爸在外地工作，平时都是跟着妈妈，有个妹妹上二年级。衣着整洁，肩膀内扣，齐刘海梳辫子。对人有明显戒备心理。来访者自己有求助动机，希望自己可以自然地融入到集体生活中，之前从未参与过心理咨询。

从咨询师的第一次观察来看，来访者戒备心明显，有胸闷气短的躯体化症状，在箱庭疗法过程中频繁出现小动作。

来访者几次咨询都是妈妈陪同，因为是短程咨询，没有过多讨论家庭关系，从访谈了解到跟父母沟通较少，父母会经常吵架。在咨询过程中，来访者主要讲述了在学校发生的事情。

（1）来访者描述自己不小心把别人书本碰掉了，对方就不停地骂来访者。

（2）在班里处处小心谨慎，怕得罪别人，惹得别人不开心。

评估与分析

通过观察和访谈，评估来访者是一般心理问题，主要表现为人际关系敏感，过分在意他人评价。

通过访谈发现该来访者的人际关系敏感与成长经历有关，父母的争吵以及对来访者的教养模式使来访者学会了在人际交往中去迎合别人，从而表现出人际关系敏感现象。

目标与计划

对于这位来访者，目标设置为在保护其自我防御机制的前提下，帮助来访者改善人际关系，让她参与到集体活动中，从而恢复其集体归属感。

咨询过程

女孩由妈妈或爸爸陪同来到咨询室，女孩表示自己不想去上学，在学校待不下去。在了解过程中，女孩表示自己也有寻求帮助的想法。

来访者主诉：自己在学校不敢说话，很谨慎；在班里无缘无故被男生骂；别人追跑打闹的时候让自己书桌很乱；看到班里同学就觉得很烦躁。

第一次咨询采用了箱庭疗法，观察到来访者的戒备，从来访者的描述中，感受并确认了来访者对学习的渴望，只是在学校里不知道怎么说话，不知道怎么和别人相处，怕自己不经意的一句话会惹到别人，在家里也不敢跟父母说，之前跟父母说过，父母都会以争吵结束话题，后来沟通就越来越少了。咨询师向来访者表达了自己对交朋友的需求和感受，以及讲解了如何打破他人对来访者的看法对来访者造成的思维固化。对于和父母的沟通方式，咨询师也向来访者做出了积极暗示。

沙盘结束后，运用了催眠疗法。

第二次咨询中，评估了两人之间的关系，来访者放下了戒备的心理，咨访关系有了进一步提升。本次运用了催眠疗法。

第三次咨询，由爸爸陪同。来访者的状态有了很大的改变，身体轻盈了许多，脸上的表情也多了。本次采用了访谈+箱庭疗法，访谈过程中，来访者每每谈及妹妹，脸上总会浮现出宠溺的表情，并对咨询师表示，爸爸妈妈的改变很大，对她的态度也转变了很多，让她感到很开心。来访者主动跟父母提到上学的事情，以及日后中考报志愿的事情，跟爸爸妈妈有了一个顺畅的沟通。来访者跟咨询师主动提及了学校里有意思的事情，脸上浮现出激动的笑容，并表示想要去学校了。咨询师引导来访者看到了自己的改变。

第四次咨询，来访者表示自己马上要去学校了，本次咨询采用了催眠的方式，调整睡眠的同时也让来访者去学校时有一个更好的状态。

经过四次咨询之后，咨询有了显著的效果。

（1）一开始学校同学做的一些让来访者讨厌的事情，通过调整，这些事情带给来访者的感受转变为愉快的感觉。

（2）对于别人对自己的看法，来访者表示其实也没什么可在意的，每个人想法都不同。

（3）从咨询师的视角来看，来访者对自己有了更深层次的理解和接纳，同时也增加了人际交往的主动性，咨询目标已达成。

03 亲子关系的亲近与疏远

亲子关系的密切程度极大地影响着青少年心理健康的发展。当亲子关系紧密，充满爱和支持时，青少年更有可能展现出正面的行为，如遵守家规、尊重他人以及展现出积极的社交技能。他们在这个充满肯定的环境中获得了价值感和自我实现，这种正面影响有助于他们形成健康的自我概念和心理调适能力。

相反地，遭受疏远、过度批评或被忽视的青少年通常对自己的价值和能力存在怀疑，可能会导致自尊心下降和自我保护心理的产生。在面对家庭内的压力和负面情绪时，他们可能会采取逃避或对抗的策略，诸如以攻击性行为回应父母的指导，或通过外显的叛逆行为来证明自己的独立和实力。此外，缺乏与家人的紧密联系也可能导致他们寻求其他不利于健康成长的应对机制，比如沉迷网络、不良交友等行为。

小孙，女，13岁，六年级学生，有一个三年级的弟弟。

自述学习出现状况，从3月1日开学之后，总会感觉难过，莫名地流眼泪，比如在上课的时候、写作业的时候，或者跟着托管老师走在路上都会出现莫名的难过和流眼泪的情况。

假期作业在整个假期的最后几天才开始做，担心写不完作业遭到老师的批评，赶作业的时候感觉很难过，因为很多答案都是抄的。上学之后在写作业和学习的时候，难过的感觉会变得明显。

五年级时开始会网上搜答案写作业，寒假前考试全年级第一名（母亲阐述是从别的班级的老师和其他同学的家长那里得知的这个情况，她知道的是孩子全部成绩只减了1分）。

会称呼其他学习成绩好的孩子为学霸，感觉对方什么都会，但总觉得自己什么都学不会，记忆的东西也背不过。做作业时总觉得自己找不到答案但是同桌很容易就找到了。

英语在五年级的时候有一次没有考好，回家夸大地和母亲说了此事，母亲很着急，和老师进行交流，问老师孩子英语成绩落下了怎么办，老师表示孩子平时成绩一直很好，只是这一次考试出现失利，让其不要太担心，并和孩子也进行了交流，让孩子不要给自己太大压力。

平时情绪不好会和母亲说，遇到事情也会和母亲交流。母亲会进行劝慰，劝慰之后会感觉好很多，但是还是会回到不开心的状态，最近因为情绪不佳，表示母亲会劝烦了，说："我都已经这么劝你了，我还能怎么办？"

平时父亲对于自己和弟弟都不管，都是母亲在管，母亲会出现情绪不好的情况（母亲表述了自己感觉不到有什么事情可以让自己觉得很开心）。

对于母亲生气时的态度，表示二三年级的时候不是特别在意，然后自己情绪也很快调整过来，现在母亲生气的时候自己会更难过，但也会去哄母亲，期待哄好了母亲之后母亲可以劝慰自己。

二三年级的时候，就已经出现过不开心的念头，但是很短暂，很快就过去了，自己也没太在意。现在难过的时候会通过看教室电子屏的励志句子来劝慰自己，再通过听课等转移注意力的方式去处理自己的难过情绪。

母亲阐述：孩子进入六年级分班之后，班里熟悉的同学不多；又经历了一次膝盖外翻手术，休息了2个月左右；之后上学不到1个月就进入寒假，和同学之间都不熟悉；体育课别的孩子三五成群地玩，她没有朋友（和孩子确认，孩子没有对这件事情有回应）。

母亲给孩子报了奥数、小升初、美术等课外班，询问小升初时是否让孩子考住宿学校，表示让孩子上某中学走读，学那些是因为别的孩子都学了。而且现在因为压力，孩子强烈要求去学。孩子表示，身边有个学习好的朋友成绩很好，去考五中一次性通过考上了，自己其实想去试一试，看自己是否能一次通过，但又会担忧自己适应不了住宿学校的作息时间和学习压力。另外，孩子食欲可以，睡眠也尚可（之前可以自己睡，现在要求母亲陪伴睡）。

二、社会文化因素与青春期叛逆的关联

在探讨青春期叛逆心理时，我们必须将视角拓宽到家庭以外的更广阔的社会文化环境。社会文化因素对青少年的成长和心理状态有着深远的影响，尤其在当代社会，这些因素更是与青少年叛逆行为的产生密切相关。

01 冲击传统：社会期望与个人追求的碰撞

在研究青春期叛逆心理的过程中，我发现社会对青少年的期望与他们个人追求之间的冲突是导致叛逆行为的一个重要触发点。这种期望可能来源于教育体系、职业发展路线，甚至是社会普遍认同的生活方式。传统的观念很多时候俨然成了青少年成长道路上的"指南针"。然而，并非所有青少年都愿意或能够顺应这种"指南"。

当社会的期望与青少年自己的兴趣、潜能、性格甚至本质理想相悖时，就容易在他们内心点燃叛逆的火花。这种心理冲突可能会驱使他们采取一系列逆反行为来表达个性、追求自由和实现自我价值。这些行为表现可能包括质疑权威、摒弃传统的教育或职业路线、拒绝遵循一成不变的生活模式等。这是他们自我认同与展现的一种方式，也是对符合社会预期的反思和挑战。

在家庭中，父母可能期待孩子能遵循特定的教育路径，例如优先考虑理工科专业、进入名牌大学等。在学校，教师可能希望学生能够遵守纪律、专注于成绩的提高，而忽略了学生个人兴趣的培养和激励。职业规划上，社会宣传风向中稳定和高收入的职业是首选，对于艺术、体育等领域的职业给予的关注和鼓励较少。

这些预设标准形成了一套严苛的框架，催促青少年去追求一个可能并不适合他们的未来。当他们的内心深处对此产生困惑或者反感时，叛

逆行为自然就随之产生。他们开始追求内心的渴望，尝试打破条条框框，以他们所坚信的方式来设计自己的生活。他们可能会选择一条艺术之路，或者决定休学去旅行，或者加入一个社会运动，以此表现出对传统价值观的挑战和个性自由的追求。

小芙生活在一个和谐美满的家庭，她是家中最小的一个孩子，从小就被父母十分宠爱，然而事情在小芙高考后变得不太和谐起来。

小芙高考分数中等偏上，好好挑选可以上一个不错的本科，父母希望小芙报考师范类院校或医科类院校，希望小芙可以稳稳当当地毕业，然后有一个稳当的工作。

但是小芙不这样想，小芙一心想学服装设计专业，她喜欢画画，也喜欢美丽的服装，服装设计专业格外吸引她。但是父母并不赞同小芙的想法，认为服装设计不稳定，就业面较窄，担心其毕业后找不到工作。

就这件事情小芙和父母爆发了剧烈的争吵，父母认为小芙不切实际，选的专业不稳定，以后不好找工作，不好养活自己，然而小芙却认为读书是为我自己读的，专业当然也要选我自己喜欢的，如果选专业只是单纯地为了以后好找工作，那这大学也没什么意思了。

02 破碎的公正：社会不公与青春期叛逆

青少年的叛逆行为常常是对不公社会环境的直接反应。在成长的过程中，他们渐渐意识到社会并非总是平等和公正的，这种认识通常源于自己或他人经历过的歧视与不公。

当青少年通过亲身体验或媒体报道接触到不公平、不公正的社会问题时，这些问题无疑会对他们的世界观造成震动，令他们质疑社会系统的公正性和有效性。当青少年们目睹或体验到不平等待遇时，他们的叛逆情绪很可能会激化。他们可能通过拒绝接受既定的社会规则、挑战既有的社会结构的方式，来表达自己对不公现象的不满和抗议。一些青少年可能会选择以更极端的方式来进行反抗，例如加入激进团体或参与公共抗议，旨在引起社会对这些问题的关注，争取消除不公的制度与观念。

此外，这种叛逆不仅是对社会不公的直接抵触，更是对个体尊严和权利的维护。青少年在这个成长阶段对自身的认识愈发清晰，他们开始追求自主和自尊，渴望被尊重和平等对待。因此，当社会给予的反馈与他们的期待不符时，心中的叛逆火焰自然会被点燃。

社会需要共同努力来消除根深蒂固的不公与歧视，为所有人特别是青少年提供一个更为公平与公正的成长环境。这不只对于青少年个体来说是一场胜利，也是整个社会进步的标志。

03 跨界的探索：全球化与青少年的文化叛逆

全球化浪潮在不断冲淡地域界限的同时，也为青少年带来了前所未有的文化多元体验。在信息爆炸的当下，青少年通过互联网等数字媒介轻而易举地接触到世界的各个角落，碰触到各种文化产物和思想流派。这种无界的文化互通不仅拓宽了他们的视野，也提供了对比和思考自身文化认同的机会。

为了适应这个信息流源源不断的社会，许多青少年开始尝试、吸收乃至融入外来的文化元素，在这个过程中，他们可能对原有的文化传统产生异议或怀疑。比如，西方的个人主义文化可能会挑战传统集体主义社会中青少年的价值观。这种文化上的冲击有时会导致青少年的叛逆态度，使他们冲破传统的桎梏，勇敢表达自己的观点和立场。

随着这些青少年在精神世界的旅行越发深入，他们对一成不变的规则和习俗的接受度逐渐降低。他们不再满足于仅仅遵从先辈们制定的社会准则，更愿意追寻内心真实的召唤。与此同时，他们可能对传统的服饰、饮食、艺术和信仰保持一种开放而批判的态度，试图在传承中创新，在沿袭中改革。

这场文化探索往往不是一帆风顺的航行。在这一过程中，青少年可能会遭遇来自家庭、学校或社会的反对和阻碍。家长或老师可能因为对青少年的未来感到担忧而试图把他们拉回到传统轨道上，社会也可能因为害怕秩序失控而试图压制他们的声音。面对这些外界压力，青少年的叛逆行为也会更加显著和强烈。

04 效率与自我：现代社会对青少年影响的双刃剑

在现代社会的复杂图景中，行为模式的快速变化对青少年产生了明显的双向影响。一方面，社会的高速进步和效率优先的理念意味着生活节奏不断加快，这为青少年带来了巨大的竞争压力和生活压力。学习、人际交往、未来规划等方面的巨大压力使得他们常常感到不堪重负，这种持续的压力状态容易诱发青少年的叛逆情绪和行为。他们可能会觉得不被理解，感觉到自己的需求和感受被忽视，在沉重的负担下寻找逃离的出路。

另一方面，同样的社会也为个性和创新挥舞着旗帜，提供了多样化的自我表达平台。艺术和文学成为青少年探索自我、表达情感的重要渠道。在线社群和社交媒体更是让青少年能够在虚拟世界中找到归属感，与志同道合的人分享想法，形成支持网络。这不仅释放了他们的创造力，而且给予了他们公开讨论问题、争取改变的力量。

是的，现代社会带来了许多压力，但同样也带来了前所未有的自由。在高压和自由的交错影响下，青少年往往采取叛逆作为一种自我救赎的途径。他们可能在课堂外发起反抗霸凌的活动，在网上发文促进环境保护，或者开始一项创业项目来解决社会问题。这些都是他们作为现代社会成员，在压力和自由中寻找平衡的证据。

然而，这种平衡并不总是容易维持。家长、老师和社会应当识别出这种二元性对青少年的影响，既要帮助他们管理生活中的压力，也要支持他们的创意和个性发展。只有这样，青少年才能安然度过这一成长的重要阶段，并充分发挥现代社会提供的自我表达和发展潜能的优势。

小A是一个正处于初中阶段的青少年，他生活在一个快速进步、效率至上的社会中。在这个社会中，无论是学校、家庭还是社会大众，都对青少年的学习和表现有着极高的期望。小A也不例外，他的父母希望他能够考上好的高中，进而进入一流的大学，为将来的职业发展打下坚实的基础。

然而，这种高度的期望给小A带来了巨大的心理压力。他每天都需要面对大量的学习任务和考试，同时还要参加各种课外辅导和兴趣班，几乎没有属于自己的休闲时间。小A感到自己像是在一个永不停歇的赛道上奔跑，无论如何努力都追不上别人的步伐。

随着时间的推移，小A的心理问题逐渐显现出来。他开始感到焦虑、抑郁和自卑，常常担心自己无法达到别人的期望，害怕自己会被社会淘汰。他的注意力难以集中，学习效率也大幅下降，导致学习成绩逐渐下滑。

面对这种情况，小A的父母和学校老师也开始察觉到他的问题。他们试图通过各种方式来帮助小A缓解压力，如调整学习计划、增加休闲时间等。然而，由于社会竞争压力的持续存在，这些措施往往难以从根本上解决问题。

最终，小A在心理医生的帮助下开始正视自己的心理问题，并学会了一些有效的应对策略。他逐渐明白了自己的价值不仅仅取决于学习成绩，而是由多方面的因素共同构成的。他开始学会调整自己的心态，接受自己的不完美，并努力寻找适合自己的学习和生活方式。

三、经济状况与生活环境的影响分析

经济状况与生活环境对青少年叛逆行为的影响是显而易见且不容忽视的。家庭的经济水平和生活环境的质量往往在一定程度上预示着青少年可能的行为路径，尤其是在他们的叛逆期。

01 贫富鸿沟下的青少年心理与叛逆

青少年时期是个体发展中极其关键的阶段，他们的心理和物质需求迅速增长，同时也在这一时期形成独立的身份和价值观。然而，家庭的经济状况往往成为影响他们能否满足这些需求的关键因素。特别是在贫困家庭中，青少年面临的物质贫乏和精神关怀的匮乏，很可能会激发一系列负面心理反应。

在经济压力较大的家庭环境中，青少年在与更优越环境中的同龄人比较时容易产生羡慕之情。这种羡慕如果得不到适当的解释和引导，可能转化为强烈的不满情绪。当连基础的物质需求也难以得到满足时，他们的焦虑感会加剧，伴随而来的可能是自卑和无力感。为了应对这些情绪，有的青少年或许会通过叛逆行为来寻求关注，试图通过挑战成人的权威和传统的规范来抗议他们所经历的不平等，以向他人证明自己的力量与价值。

这种叛逆行为可能以多种形式出现，有的青少年可能表现得极有攻击性，这种攻击性不仅是对他人的，也是对自己，例如通过自残来表达对现实的不满。一些青少年可能会选择逃避现实，比如通过逃学来规避学校中的压力，或者通过吸烟、酗酒等不健康的方式来寻找心理的慰藉和同辈群体的认同。

这些叛逆行为的出现，不仅仅是挑战或不满的情感表达，更是一个信号，表明这些青少年亟需获得更多的支持和帮助。他们需要的不仅是物质上的援助，更需要成人对他们内心世界的理解和关注。家庭、学校和社区应当共同努力，提供一个包容的环境，并通过积极的交流和指导，帮助这些青少年找到更为健康的表达方式和解决问题的策略。通过这种多方面的支持，我们可以帮助贫困家庭中的青少年摆脱心理的困扰，健康地成长。

小李是一个来自贫困家庭的孩子，父母长期在外打工，他与年迈的祖父母生活在一起。

由于家庭经济条件限制，小李在学校中常常受到同学们的嘲笑和排挤，生活中充满了贫富差距所带来的心理压力。他常常感到自己与那些家庭经济条件优越的同学之间存在着无法逾越的鸿沟。这种心理落差使他在同学面前感到自卑和无力，从而产生了强烈的叛逆心理。

父母陪伴的缺失、与祖父母的相依为命和微薄的收入使家庭常常笼罩在一种压抑和焦虑的氛围之中。为了融入群体，他选择了叛逆的方式，经常逃学，甚至与同学打架斗殴。

02 生活环境：青少年成长的助力与阻力

居住环境是塑造青少年心理和行为的一个不可忽视的因素。生活空间的物理特征，以及其中固有的社会文化氛围，共同影响着青少年的发展轨迹。这种影响可能呈现为一种连续的谱系，从积极正面到消极负面的影响都可能存在。

宽敞和安静的居住环境为青少年提供了一个有利于身心发展的空间。他们在这样的环境中有着私人空间去思考问题、放松身心，并进行独立生活的实践。一个优越的居住环境可以让青少年感受到生活的舒适和家的温馨，有助于培养他们的独立性和自我效能感，从而减少叛逆行为的发生。

然而，对于那些生活在狭小、拥挤、噪声污染严重的家庭环境中的青少年而言，他们可能感到自己被限制在一个不能自由呼吸的空间里。这种环境往往使得他们缺乏足够的个人隐私，且缺乏足够的个人空间去释放压力和发展个人兴趣。长期下来，生活环境的压迫感可能导致他们在学习上无法集中注意力，感到心烦意乱，最终表现出对家庭和社会规则的抗拒，转而做出寻求自我认同和释放不满的叛逆行为。

社区环境的影响也不容小觑。在社会边缘地带成长的青少年，经常被暴露在不良影响和犯罪行为中。这类环境自然会使他们产生模仿效应，使他们认为叛逆和违规行为是社区文化的一部分，甚至是一种生存的策略。在这种情况下，遵循法律和社会规范可能会被视为软弱，而叛逆行为则被看作展示个人实力和获得群体认同的手段。

第三节　学校教育与同龄人的相互影响

一、教育方式与学校环境对叛逆心理的作用

教育方式和学校环境在塑造青少年心理健康及行为方向上扮演着极为关键的角色。教育不仅仅是传授知识的过程，也是青少年学习社会规则、建立自我认同和发展人际关系的关键过程。因此，教育方式的健康与否、学校环境的支持程度，都直接与青少年是否会形成叛逆心理有着紧密的联系。

01 教育环境与青春期叛逆：改革与理解

在探讨青少年行为问题时，教育者和学校管理者需要深刻认识到叛逆心理的根源。青少年的反叛并不是无端产生的，往往是一种对教育方式和学校环境的响应。传统的教育方法，如以命令和控制为主导，缺乏对学生个性尊重和鼓励的极权式教育，会引发学生的强烈不满。学生在这种下压制式的教学环境下可能感到自己的需求和意见被边缘化，长期处于被动接受的状态可能会引起学生内心的抗拒，甚至是激烈的反弹。

一种以成绩和效率为重，忽略学生个体差异和兴趣发展的教育方式，往往会导致青少年发展出压抑和逆反的心理状态。学生可能会通过旷课、挑战教师权威或与同伴发生冲突的消极行为来表达自身的不满和反抗心理。这些叛逆行为本质上是对教育模式和学校环境的直接反馈，是他们

努力让自己的声音被听见的方式。

相比之下，一个积极的教育环境，鼓励学生自主学习，尊重学生的想法和情感，不仅有利于知识的掌握，还有助于学生形成积极的人际关系。在这种环境中，学生的选择权和发言权被广泛认可，他们会更愿意参与到学习过程中，能够真正体验到学习的乐趣。此外，这种教育方式能促进学生之间的良好交往，建立起学生对老师的信任和尊敬，从而会降低叛逆行为的发生。

教育方式和学校环境的改善对于预防和减少青少年的叛逆行为至关重要。教育者应转变教学观念，从以教师为中心向以学生为中心转变，重视学生的个体差异和意见，为他们创造更多展示自我、表达观点的机会。学校管理者亦应倾听学生的声音，建立一个开放、合作和相互尊重的校园文化，提供心理健康支持和咨询服务，帮助学生应对内心的困扰和外部的挑战。只有通过这些综合措施的实施，我们才能在根本上改善青少年的行为问题，引导他们走上健康发展的道路。

02 校园环境与青少年发展：需求与挑战

学校环境对青少年的成长具有决定性的影响。当学校的氛围过度强调竞争性和成绩导向，而忽视了学生的情感需求时，青少年很可能会感到被边缘化和误解。在这种环境中，学生经常面临巨大的学习压力和社交压力，他们的情感和自我价值可能会被忽略，从而培养出一种抵触心理和逆反情绪。这种不满感和不安全感如果得不到及时的识别和纾解，可能激发出逃避学习、不尊重老师、违反校规校纪，甚至是违法的行为。

学校里如果存在霸凌行为，如学生间的言语或身体欺凌，可能会在校园内部形成一种消极循环，使得受欺凌的学生感到孤立无援。这种持续的压迫感也可能导致他们采取自我保护的叛逆行为，比如暴力反抗欺凌者、抵抗学校的纪律管理，这不仅影响学校的整体教育环境，也会对他们的心理健康造成长期的损害。

此外，教师与学生之间的互动模式也至关重要。如果教师对学生持有偏见，或者忽视对他们的正面反馈和鼓励，青少年可能会感觉到自己的努力得不到认可。为了吸引注意和证明自我价值，他们可能会通过挑战权威、违背规则的叛逆行为来寻找存在感，并试图以此获得独立和自主权。

为了创建一个有利于青少年全面发展的校园环境，教育工作者们需要采取一种全面的、有人文关怀的教育模式，重视每个学生的感受，为他们提供一个安全、平等、包容的学习环境。学校应该对校园内的霸凌现象零容忍，建立校园反霸凌政策，加强学生之间的正向互助和配合。老师们需要成为学生学习过程中的积极引导者和支持者，而不仅仅是知识的传授者。通过这些方法，我们可以为青少年打造一个更为健康的成长空间，让他们在学习知识的同时也能得到情感上的支持，最终减少和预防学生的叛逆行为。

二、同龄人交往对青春期叛逆心理的影响

同龄人之间的交往对青少年的心理发展和行为模式具有重大的影响。青春期是个人开始寻求独立性和社会认同的阶段，而同伴集团往往成为他们模仿和学习社会行为的重要环境。同龄人的接受与否、集体中的地位以及群体的压力，都会在很大程度上塑造青少年的自我认知和行为响应模式。

01 同伴关系：挑战与支持

在青少年的成长道路上，同伴关系充当着双刃剑的角色。一方面，与积极和支持性同伴的交往能够显著促进青少年的自信心，以及在学术

和社交领域的成长。好朋友在青少年面临生活挑战时提供的情感支持，可以增强他们解决问题的能力，使他们在逆境中保持坚强。这样的社交互动不仅帮助青少年树立正确的价值观，而且能激励他们在面对生活和学习选择时做出积极的决策。

另一方面，负面同伴的影响可能会引诱青少年走向错误的道路。当青少年为了在同伴中获得地位和认可，而试图模仿那些违背社会规范的行为时，叛逆行为便有可能发生。这种对外界榜样的模仿，尤其容易发生在那些群体规范和压力特别强的环境中。翘课、吸烟、酗酒等叛逆行为，有时是青少年试图获得同伴认可而采取的手段，他们可能错误地认为这样能在同辈中建立起"酷"的形象。

这样的叛逆不仅会严重影响青少年的学业和未来，还可能导致他们陷入更严重的问题，如成瘾或受到法律的惩罚。因此，家长和教育者应警惕这种负面同伴影响的潜在辐射。家长应该与孩子保持开放的沟通，了解他们的朋友圈，引导他们选择有正面影响的朋友；教育者应在学校中创造一个环境，让积极的同伴行为更受欢迎，为学生提供健康的社交场所。

02 竞争与自我认同：同伴压力下的叛逆行为

在青春期的早晚阶段，青少年在建立自我认同的过程中往往需要在同伴之间寻求地位和价值的确认。不可避免地，这个过程伴随着同伴间的相互比较，竞争和羡慕在此期间变得尤为明显。这种竞争压力可能推动部分青少年参与逆反或是反社会的行为，以期通过这些行为获得他人的关注和羡慕。

当感受到自己在智力、体育或社交等各方面能力上不如同龄人时，青少年或许会认为通过叛逆行为可以在这些领域得到补偿。他们可能通过抵抗权威、无视学校规章或从事风险行为等方式，来表明自己特立独行，从而试图建立独特的身份和获得群体中的尊重。

不幸的是，这种追求关注的动机可能导致一些青少年走入误区。使用暴力、施行霸凌、参与非法活动成为他们所采取的不当策略。而那些在群体中感到被忽视或受到欺凌的青少年，叛逆行为则成了他们的逃避方式或是自我防御的手段。他们可能通过反击、反抗或与群体背道而驰的行为，来表达对同伴鄙视与排斥行为的不满和反抗。

另外，叛逆行为还可能是青少年反抗其被认定的低社会地位的手段。在一个高度重视社会阶级和地位的环境中，那些处于不利位置的青少年可能会感到被边缘化和不被尊重。这种感觉可能会促使他们采取激烈的方式来证明自己的价值，以挑战或改变他人对自己的看法。

　　小玉上高中的时候，去打暑期工，找到了一个服务员的工作，计划自己赚钱买手机。当时在饭店的时候也有其他同龄人一起打暑期工，在一众人中，小玉不会化妆，不懂打扮自己。

　　小玉皮肤偏黑，从小学时候就被别人起外号"黑妹"，当时饭店有个同龄的女孩子会化妆，皮肤白，小玉感觉饭店一起打工的服务员都喜欢对方。

　　当时有个男孩子向小玉表达过，说小玉不像女的，无论如何都不会喜欢小玉这样的女孩。小玉不敢反驳，愣在当场，内心当中充满了自卑。

　　后来小玉升入大学，男生当时的话语让其一直想不通，为什么自己不被人喜欢，加上家庭的一些情况，小玉变得越来越自卑，时常会想：自己没有白白的皮肤，没有高个子，没有瘦瘦的身材，包括脸都是普通的，学习也不好，别人不喜欢自己，甚至自己也不喜欢自己。

　　自卑感让小玉产生了叛逆的心理，对现实和身边曾经不喜欢自己的人，产生严重的怀疑不满，甚至讨厌他们，但自己同时还是越来越自卑。

03 潜在影响：青少年从众心理与叛逆行径

同伴的影响力在青少年群体中往往是隐蔽且深刻的。青少年由于身处形成自我认同的关键时期，对群体中的主流思想、行为模式和潮流趋势特别敏感。他们在无意中可能被这样的集体氛围所吸引，从而不自觉地去模仿那些在同龄人群体中被认为"酷"或受欢迎的行为。即便这些行为与他们内心的价值观相悖，或与家庭所教育的原则相违，他们也可能忽略这一矛盾，选择去遵循大多数人的行为模式。

从众心理往往会促使青少年为了获得同伴的认同和接纳，而采取一些他们在其他情境下不会考虑的行为。例如，他们可能在同伴的鼓励或诱导下尝试吸烟、喝酒、旷课，甚至是参与盗窃和斗殴等违反社会规范的行为。这种从众的决策过程中，他们脆弱的自我认同被群体的影响所淹没，个性和独立思考的能力逐渐丧失。

在某些极端情况下，从众行为甚至可能将青少年引向更危险的道路，如加入帮派、吸毒、从事违法活动等。他们为了维系在群体中的成员身份和地位，可能不惜牺牲自身的安全和未来潜力。这种群体对个体行为的影响力是强大而且具有破坏性的，特别是在缺乏明确的价值观指引和社会支持时。

三、网络环境对青春期叛逆心理的影响

随着互联网的普及和社交媒体的发展，网络环境已成为影响青少年心理发展的重要因素之一。网络世界的虚拟性和匿名性为青少年提供了一种全新的自我表达和社交方式，这对他们的成长具有双重影响。

01 网络匿名性与青少年自由表达

当今互联网时代，网络平台提供了前所未有的匿名性，尤其在论坛、

社交媒体和评论区等地方。对于青少年来说，这种匿名性提供了一个相对安全的空间来表达他们的想法和情感，尤其是那些在现实生活中因为害怕被评判或惩罚而不敢表露的叛逆思想。网络的匿名性对青少年来说是双刃剑。一方面，它可以作为释放情绪和压力的渠道，帮助他们处理成长中的困惑和冲突；但另一方面，过度依赖这种匿名表达可能会导致他们无视行为后果，培养出在现实生活中不愿意或无法展现的负面行为特征。

青少年在匿名条件下的网络活动中表现得更加大胆和极端，有时也更加具有攻击性。例如，在成长过程中经历了校园欺凌的青少年，可能会在网上采取更加激进的姿态去反击或宣泄情绪。案例研究中也发现，一些青少年倾向于在网络身份匿名的前提下进行边缘化的实验，比如尝试使用刺激的语言或分享颠覆性的内容，这些行为可能是他们在现实生活中受到约束而不敢进行尝试的行为。

小华是一名高中生，平时热衷于浏览社交媒体和参与网络讨论。某天，网络上突然掀起了一股对某明星的负面评价风潮，大量网友纷纷发表对该明星的不满和批评。小华在看到这些评价后，由于担心自己被边缘化或不被主流所接受，也迅速加入了这场负面评价的行列。

然而，小华并没有深入了解这个事件的全貌，也没有去核实那些负面评价的真实性。他只是盲目地跟随了网络上的主流声音，形成了一种片面的观点。后来，当事实真相逐渐浮出水面时，小华才发现自己之前的判断是错误的，这让他感到非常困惑和沮丧。

02 信息过载与价值观形成

在网络环境中，信息的快速流动和过载是常态。青少年通常缺乏如何从大量的信息中提取有用内容的筛选能力。这种信息过载往往导致他们只对信息进行浅层次的处理，难以深入理解或批判性地思考，进而影响了他们对事物的判断和价值观的形成。缺少成熟的价值观体系，青少年容易受到网络上各种极端主义、消费主义和虚假信息的影响。

经典的心理发展理论，如埃里克森的身份认同理论，强调了青少年期间价值观和道德观念形成的重要性。然而，在网络环境中，他们不仅要面临传统的成长压力，还要应对这一时代特有的挑战——信息过载和网络兴趣团体的影响。若没有适当的引导，青少年可能会接受并模仿那些看似吸引人但实际有害的网络行为。例如，一项研究显示，频繁接触网络上的暴力内容和负面群体，会显著提升青少年的攻击性和反社会倾向。

17岁的小沐在上中学的时候，网络流行一句梗叫作"渣男锡纸烫、渣女大波浪"。小沐那段时间经常看类似的话题视频和文字，被网络环境影响的特点日渐明显，在未经妈妈允许的情况下去烫了锡纸烫。

小沐妈妈在去接他放学的时候，发现不仅自己的孩子烫了锡纸烫，班里三分之二的男生的头发都是锡纸烫，长头发的女生也大部分把头发烫卷了，妈妈疑惑为什么学生们烫的头发都是一个类型，小沐把网络上爆火的那句梗告诉了妈妈，妈妈询问小沐学校是否允许烫发，小沐有没有自己的想法和看法？小沐告诉妈妈，他知道作为中学生不能随便烫发，可是网络上现在很流行这种发型，而且评论都说锡纸烫的男生并不都是渣男。

小沐在面对网络上的观点时，未能甄别，并对自己的价值观产生了怀疑，没有妥善处理好这种冲突，选择了烫头发这一叛逆行为去表达自己的立场。

03 社交媒体与同伴压力

在当今的数字时代，社交媒体已成为青少年交流互动的主要场所。这些平台上的虚拟同伴圈子对青少年个体的影响力极为巨大。根据埃里克森的心理发展理论，青春期是形成个人社会角色和自我认同的关键阶段，同伴的影响在这一时期是不容忽视的。社交媒体上，当流行文化和同龄人的行为被大量点赞和分享时，青少年很可能出于对被接纳和认可的渴望，而选择跟从包括叛逆行为在内的同伴行为。

例如，冰桶挑战等网络挑战往往会迅速在青少年中传播，成为一种风潮。尽管这类挑战中的大多数是为了公益和娱乐，但也有一些不安全甚至危险的行为被模仿，仅仅因为它们在社交媒体上看起来很"酷"。而青少年更容易模仿那些看似得到广泛认可的行为，不论这行为是积极还是消极的。

同伴压力的形成在社交媒体上显得更为微妙且强大，由于平台的即时反馈机制，青少年往往能瞥见同辈之间的相互比较和竞争。这种机制可能推动青少年为了获得关注和点赞，而去尝试和发表一些叛逆的或不适宜的内容。

04 网络舆论与自我认同

网络舆论在青少年的自我认同形成中扮演着越来越重要的角色。互联网的匿名性和开放性为他们提供了一个可以自由探索不同身份、观点和环境的场所。然而，网络舆论的剧烈波动和极端立场有时也会为青少年的心理发展带来困惑和挑战。

当网络上充斥着对某个事件或个人的集体评价时，青少年可能在没有充分理解整个情况的前提下，就匆忙地形成观点或选择立场，以求不被边缘化或跻身主流。随着个人认同的逐步形成和对参与社交媒体的依赖增强，青少年可能因为担心网络舆论而抑制自己真实的观念和情感，或者因为希望与网络上的主流舆论一致而改变自己的行为，包括采取叛逆行动来符合某些网络小组或社群的期待。

从心理学角度分析，这种依赖网络来确定自我认同和自我价值的倾向，可能会导致个体对自己真实自我认识的混淆，甚至可能因跟从负面舆论而采取对自己或他人有害的行为。最新研究显示，网络舆论的负面影响可能会在某些极端情况下导致青少年的孤独感、焦虑感增加，甚至出现抑郁倾向，这些都可能激发或加剧叛逆心理。

03 / 第三章

叛逆行为的主要表现与类型

第一节 对权威和规则的反抗

一、对家庭权威的反抗

在家庭环境中,青少年对权威的反抗往往与对个人自由的渴望和对自我身份的探索直接相关。他们可能开始挑战成立多年的家规,如质疑为何需要在特定时间之前回家,或是反对担负的家庭义务和职责,比如规定的家务分配。这种质疑可能是他们尝试表达成熟和独立性的一种方式。

他们可能故意在约定时间后才回家,以此来检验和扩展自己的界限。对于家长设定的宵禁时间,他们可能会无视,甚至提出挑战,希望以此重新对个人自由进行谈判。

青少年还可能开始在思想和信仰上与家长产生冲突,对父母的政治观点、生活方式等质疑或拒绝。他们可能会拒绝参与传统的家庭活动,寻找自己的道路和价值观。在表达自己独立思想时,他们有时可能显得刻意对抗,这能带来一种被视作成熟的感觉。

在与家长产生价值观和生活方式上显著的分歧时,青少年可能会完全忽视家长的意见,甚至在家中故意制造紧张气氛,以此作为对抗的一种形式。在争吵时,他们可能一方面试图强调自己的立场,另一方面则可能在寻求更多的自主和控制权。这种对抗可能会导致严重的家庭矛盾,造成双方都感到苦恼和被误解。

小周曾经是一个乖巧懂事的孩子，但在进入重点中学后，他逐渐变得沉默寡言，对学业产生了抵触情绪。他的父母对他的期望很高，希望他能够取得优异的成绩，进入名牌大学。然而，随着学习任务的加重和考试压力的增加，小周感到越来越力不从心。小周开始尝试各种方法逃避学习，他沉迷于网络游戏，常常熬夜。他的成绩开始下滑，老师多次找他谈话，希望他能够重新回到学习的轨道上。然而，小周却变得越来越叛逆，他对老师的教导充耳不闻，甚至在课堂上公然顶撞老师。小周的父母非常担忧他的状况，他们试图通过加强监管和惩罚来纠正他的行为。然而，这样的做法只让小周更加反感，他觉得自己被束缚了自由，无法呼吸。他开始频繁地与家长发生冲突，家庭关系变得紧张而疏离。

面对小周的叛逆行为，家长和老师都感到束手无策。他们不知道该如何帮助小周走出困境，重新找回学习的乐趣。小周的内心也充满了矛盾和挣扎，他既想要得到父母和老师的认可，又无法忍受他们的压力和期望。在一个偶然的机会下，小周遇到了一位心理咨询师。这位咨询师耐心地倾听了他的困扰和想法，帮助他分析了问题的根源。咨询师告诉小周，叛逆行为其实是他内心对压力和期望的一种反抗，他需要通过积极的方式来应对这些压力，而不是逃避或反抗。

在咨询师的引导下，小周开始尝试调整自己的心态和行为。他学会了如何合理安排时间，平衡学习和娱乐的关系。他也开始与家长和老师进行积极的沟通，表达自己的想法和需求。渐渐地，小周的成绩开始回升，家庭关系也得到了改善。

二、对学校规则的反抗

在学校这个规范性强且结构复杂的社会小环境中,青少年经常通过对规则的挑战来测试自我界限和表达个性。他们可能做出不顾考勤制度,有意迟到或早退,甚至无故缺课的行为。这种出勤不规律除了是对学校纪律的无视,也是对成人世界规则的一个探索。

课堂参与度低下,不仅体现在对课堂活动缺乏积极响应上,还可能表现为故意捣乱、打断讲课或对老师的指示漠不关心。这种行为可能是对课堂内容或教学方式的不满,或是因为感到孤立无援而进行的自我保护。

对教师的对抗可能更加直接。一些青少年通过提出挑战性的问题,或者在课堂讨论中表达轻蔑的态度,来测试教师的反应和权威极限。此外,他们可能会在教师布置的课程作业或测试中故意不遵守规则,变相抗议他们认为的教育不公或过高要求。

学术不诚实行为可能是学生因为受到巨大的学业压力,而诉诸作弊、剽窃或其他欺骗行为,以此来满足外在的期望,这种行为体现了学生对学术成就评价制度的反抗。

小华是一个重点高中的学生,学习成绩优异,一直是老师和家长眼中的优秀学生代表。他是家中独子,家庭和睦,父母都是知识分子,对他的教育非常重视。

在学校里,老师们对小华的评价一直很高,认为他聪明、勤奋,有很强的学习能力和自我驱动力。然而,在一次班干部竞选失败后,老师们发现小华的学习态度有所改变,开始在课堂上分心,作业也不像以前那样认真完成。

老师们尝试与小华沟通,了解他的困扰,但小华总是避而不谈,并对学校的规矩和安排产生了强烈的反感。他会在晚上偷偷溜出学校,或者在宿舍中制造混乱。

在情绪方面，小华显得异常激动和易怒。他常常因为一些小事情而大发雷霆，对父母的话置之不理，甚至会用冷漠和疏远来表达自己的不满。他的情绪波动很大，有时会在短时间内从愤怒转为沮丧，让人难以捉摸。

父母对小华的变化更是感到焦虑。他们原本以为小华是一个懂事、听话的孩子，没想到现在会变得这样难以捉摸。父母试图与小华沟通，了解他的想法和需求，但往往难以得到他的理解和配合。他们担心小华的行为会影响到他的学业和未来，也担心他的心理健康问题。

三、对社会规范的反抗

在更为宏观的社会层面上，青少年对规则和权威的反抗可能更为多样化且具有更强烈的公共性质。这不仅体现在个人的风险行为上，还可涉及更广泛的社会和文化范畴。未成年饮酒、吸烟等行为通常被看作是一种主动违反社会规范和成人设定的界限的方式，它既是一种表达独立的尝试，也是对享受成年特权的渴望。在某些情况下，违法活动可能源于对社会不公的认知或是对挑战现有的社会秩序的尝试。

对成人世界规则的反抗不限于违反各类法律，青少年可能还会通过服装、言语、行为等多种形式，来表达对某些社会文化准则的不认同。例如，他们可能会故意穿着非主流服装来学校，或在社交媒体上公开对某些社会问题提出尖锐批评。

此外，挑战职业道德标准或法律极限可能是青少年探索自己界限的一种方式。在面对社会压力和不确定性时，一些青少年可能倾向于通过试探性的违反规则来寻找归属感或认同感，比如参与网络黑客活动或参与非法集会。

第二节 对社会规范与价值观的质疑和挑战

一、质疑与挑战行为的动机分析

青少年的成长阶段，常伴随着对身份和自我价值的追求。随着对世界认识的加深和自我意识的觉醒，他们开始质疑周围的社会规范和价值观。分析质疑与挑战行为背后的动机，是理解青春期叛逆心理的关键。

01 追求自我认同

青春期是形成个人身份的重要时期，是个体认识自我、建立独立人格的关键阶段。在这一时期，伴随着内在情感和认识的变化，青少年渴望被视作独立的个体，并希望通过一系列个人选择和行为来表达自己的个性和独立性。

反映在生活的各个角落时，这种追求可能是选择一种非主流的穿着风格，也可能是投身于某种特定的文化或兴趣小组。他们可能会在自我表达上敢于尝试和冒险，从而探索出一条路线，这条路线不仅与父母和旧社会的价值观形成对比，更能体现他们自己的态度和信仰。这种价值距离感既是挑战也是机遇，驱使他们寻找与众不同的方式来构建和证明他们自己独特的自我标识。

初中生然然，今年15岁，上初二，平时很爱运动，经常在户外进行各种锻炼，体育成绩很优秀，但文化学科成绩并不是很好。

然然的妈妈一直认为然然浪费了大量时间，贪图玩乐享受，不肯好好学习，经常和女儿讨论学习问题，但每次都不能顺畅沟通，妈妈会反复强调学习的重要性，并认为然然的体育锻炼是浪费时间，然然对此非常气愤，母女俩为此经常产生冲突，并开始吵架，最后以然然的"行了，行了，别管我了，我知道了！"结束吵架。

然然的成绩依然没有提升，妈妈始终认为是运动影响了然然的成绩，不让然然出门锻炼。为此然然经常放学不回家或者很晚才回家。

02 对权威的自然反抗

在青少年的个性发展过程中，反抗行为常常被视为一种成长的必经之路。心理发展理论指出，这种反抗行为并非无理取闹，而是青少年试图通过和成人世界的对抗，来探索自己在这个世界中的位置，测试自己的界限，以及尝试构建起对世界的个人看法。

这样的反抗可能以直接的对立形式出现，比如对家长的指令说"不"，或者是以更加隐晦的方式，如自行决定违反校规校纪。这种行为可能让成人感到困惑或挫败，但实际上它是青少年独立思考和自立的一个标志。他们挑战权威的目的并不是造成混乱，而是一种摸索自己能力和潜力的放大过程，是他们建立自信和对世界更深入了解的一种方法途径。

小红出生在一个传统的家庭中，父母希望她能够遵循他们的规划，走一条稳妥的人生道路。然而，小红从小就有一种叛逆的性格，她不愿意被束缚在传统的框架中，而是渴望追寻自己的梦想。

高中时期，小红对摄影产生了浓厚的兴趣。她常常拿着相机四处拍摄，记录生活中的点滴美好。然而，她的父母却认为摄影会导致玩物丧志，希望她能将精力放在学习上，将来能够有一份稳定的工作。面对父母的反对，小红并没有退缩。她坚信自己的兴趣和才华，决定要独立追求自己的摄影梦想。她利用课余时间学习摄影技巧，参加各种摄影比赛，不断提升自己的水平。高考结束后，小红没有选择父母期望的热门专业，而是毅然决然地选择了摄影专业。这一决定让她的父母大为失望，他们甚至一度与她产生了隔阂。

然而，小红并没有因此放弃。她用自己的努力和才华证明了自己的选择是正确的。在大学期间，她积极参与各种摄影活动，获得了多个奖项。她的作品被刊登在各大杂志和网站上，受到了广泛的关注和赞誉。毕业后，小红创办了自己的摄影工作室，专门为客户提供高质量的摄影服务。她的工作室逐渐在业界崭露头角，她也成了一名备受瞩目的年轻摄影师。

03 社会正义的觉醒

在当今世界，社会正义和平等的议题愈发受到重视，特别是在青少年中。与前几代相比，这一代青少年在性别、经济以及环境等方面的公平问题上，展现出了更为强烈的关注和参与度。他们不仅仅满足于讨论和辩论这些问题，还积极地投身于相关的社会行动，如参加抗议活动、志愿服务或通过社交媒体发声。

这种对社会正义觉醒的表现可以追溯到多种因素。教育的普及使得青少年从小就接触到有关公民权利和公共道德的教育，此外，全球化也为他们提供了了解其他文化和社会的机会，从而增长了对不同社会问题的认知和同情。在质疑与介入社会不公现象中，青少年希望能够为创造一个更加公正和谐的社会做出贡献。

04 信息过载与意见分歧

我们生活在一个信息泛滥的时代,这为青少年提供了一个前所未有的信息世界。互联网和社交媒体的发展,意味着青少年可以轻易地接触到全球各地不同的观念和信仰,这不可避免地导致他们对传统认知的质疑。同时,海量的信息还带来了辨别真伪的挑战,以及在意见不一的环境中建立自己立场的压力。

与前辈们相比,现代青少年在形成观点时,更多地依赖于网络社区和虚拟身份,这经常使他们对现实世界中的社会规范产生怀疑。他们在网络上接触到的反主流思想或极端思想有时会挑战他们对"正常"和"可接受"的基本理解。这些信息的冲击不仅促使他们质疑,也激发他们自主寻求和建构答案,使他们在意识形态上更加成熟和独立。

05 心理和生理的变化

青春期是一个充满挑战的阶段,不仅伴随着显著的生理变化,如身体发育和性特征的成熟,也伴随着深刻的心理变迁。这期间,青少年的大脑和身体经历着快速的成长和调整,这导致他们在情绪和行为上出现显著变化。增强的自我意识、爆发的情绪以及对独立性的强烈渴望,构成了叛逆行为的心理基础。

对突如其来的感情波动和内在冲突的管理困难,常常使青少年在处理复杂情境时显得不够成熟。他们可能寻求极端的方式来展现自我,或者用叛逆的态度面对家庭和学校的约束,以此来证明自己的自主能力和决策权。这些行为不仅是在挑战安排好的生活节奏,更是在通过实验和错误来了解自我和发现生活的可能性。

06 寻求同理与凝聚力

在这一成长过程中,青少年不仅渴望得到成人的理解和尊重,而且会在同龄人群体中寻求归属感和身份确认。集体的经历，如对社会规范的共同质疑和挑战，可以显著增强他们的团体凝聚力。这样的集体经验对个体的社会化和身份构建起着至关重要的作用。

同龄群体中的实验行为、共享价值观和群体活动都为青少年提供了一个感同身受的环境，让他们在寻找个人定位的同时也能感到被接纳和理解。这些共同体验和相互认同，不仅满足了他们的社交需要，也为他们在更大社会背景下的角色和责任感的发展奠定了基础。

二、带来压迫感的社会规范与价值观

在青少年的成长过程中，面对既定的社会规范与价值观，他们常常感受到一种压迫感，这种感觉源于自身自由和个性表达所受到的限制。社会规范与价值观虽然在维护社会秩序和促进共同体和谐方面起着基础性作用，但往往也会为那些试图打破传统框架的青少年带来约束。

01 不符合个人价值体系的社会规范

在与青少年进行深入交流的过程中，我们经常可以感受到他们与社会规范间的紧张关系。当广告和流行文化不断强调财富和外在成就的价值时，不少青少年却渴望追求内在的充实和个人成就感。他们可能更看重创造力、情感联系和社会责任感，而不是传统意义上的权力和地位。

往往就是这种价值上的冲突，使他们对所处社会的主流价值观产生怀疑。愈加创新和多元化的思维模式驱动他们挑战旧有的价值系统。他们可能会行动起来，参与到社会创新项目中，或是通过艺术、音乐和写作等形式表达自己的世界观，进而撼动固化的框架。

02 社会规范的性别限制

性别问题一直以来对青少年的成长和身份塑造有着深远的影响。社会上普遍存在性别刻板印象，这种刻板印象限定了个人的行为模式和生活选择，对于那些不愿意或不能够符合这些预设标准的青少年尤其压抑。

尽管在某些社区和文化中，性别角色观念正逐渐演进和开放，但许多青少年依然面临着来自家庭和社会的传统性别规范压力。例如，男孩们可能被期望展现出强硬和竞争性的特质，而女孩则被期待表现得温柔和顾家。这些期望不仅约束了他们的自我表达，还可能限制了他们对于未来可能性的探索。在这样的环境中，青少年可能会选择进行反抗，摒弃传统的性别角色并寻找属于自己的独特道路。

03 规范带来的身份限制

在我作为一名心理咨询师的职业生涯中，我深刻理解到身份的多元化对于青少年心理健康和发展的重要性。与此同时，我也注意到社会规范往往给青少年贴上标签，将他们置于固定的框架中。这些标签诸如族群、社会阶层等，不但定义了他们应该如何行为，还限制了他们的思想和梦想。在我与他们的沟通过程中，他们经常向我表达自己的挫败感和不满，因为这些预设的标签阻碍了他们自由探索自身身份的可能性。

他们中的许多人在尝试打破这些由外界强加的规范时遇到诸多挑战，无论是性取向、职业选择还是生活方式，他们都希望能够自主定义自己。我努力引导他们认识到，虽然社会预设的标签可能是避不开的，但他们可以选择如何响应这些标签，可以通过自己的行动和决定来重塑自己的身份，寻找真正属于自己的位置。

04 社会期望造成的心理压力

一向以来，社会对成就的渴求构成了其核心价值观之一，这种成就主义不可避免给青少年带来压力,特别是在学术和职业成就上的压力。在我的咨询室里,越来越多的青少年抱怨说他们不得不面对来自家庭和学校的期望,无论是考试成绩、大学录取通知书还是将来的职业选择,这些期望似乎在无形中设定了他们人生的道路。

很多青少年在追求家庭和社会所认定的"成功"与遵从自己的内心兴趣之间感到矛盾和纠结。这种内部的冲突经常造成巨大的压力,导致焦虑、紧张以及自我价值感的降低。我努力帮助他们认识到,每个人都有自己独特的成功路径,而不是只能遵循一条光鲜亮丽的道路。我鼓励他们找到自己的兴趣和激情,重新定义成功的含义,让他们能在成就和个人满足之间找到一个平衡点。通过支持他们的个性化道路,我们能够帮助青少年减轻不必要的压力,促进他们的整体幸福和发展。

三、正面引导与改变的策略

在我作为心理咨询师的职业道路上,我越来越感觉到对抗并不是解决青少年问题的唯一途径。相反,正面引导与寻找改变的策略往往更能有效地帮助他们应对社会规范和价值观带来的压力。以下是我倡导和推行的几种策略。

01 自我探索的鼓励

在青少年成长的过程中,自我探索是他们发现并塑造身份认同的基石。因此,作为社会的各个角色——无论是家长、教师,还是心理咨询专家——我们都有责任提供一个安全、开放的环境,让青少年能够无拘束地探讨自己的内在世界。

心理咨询不仅为青少年提供了一个释放压力和情绪的出口,更是一个让他们在专业人士的引导下,探索深层次个人问题的良好方法。在咨询过程中，他们可以学习如何识别和表达自己的感受、想法和需求。

艺术创作是对自我探索的又一有效途径，无论是绘画、音乐、舞蹈还是戏剧，都可以让青少年通过非语言的方式表达自己。这类型的创作不仅是一种个人感受的延伸，更是对个人身份的一种探索和确认。

写作作为另一种形式的自我表达，能让青少年安静地沉淀思考，并且通过文字将混沌的思绪整理成清晰的语言。通过写作，他们可以在虚构或非虚构的文字中探索自我，发现和建立自己的观点和信念。

而团体讨论则提供了一个交流思想和观点的平台。在这里，青少年可以听到来自不同背景的同龄人的声音，扩宽视野，理解他人，更重要的是学会理解和接纳自己的多样化特性。在团体讨论中，他们可以无惧地提出问题，质疑现存的规范，倾听不同的见解，并在对话中塑造自我认同。

通过以上一系列的活动和方法鼓励自我探索，我们可以帮助青少年建立起对自己更深刻的理解，增强他们的自我意识和自信。当青少年学会了欣赏自己的独特性，并理解如何与外界规范和平共处时，他们将更能主动地在生活中寻找意义，为社会带来积极的影响。

02 批判思维的培养

在这个多元化和快速变化的社会中，培养青少年的批判思维能力显得尤为重要。这不仅要求他们对现有的社会规范和价值观持有批判性的态度，更要求他们具备自我反思的能力，能够主动地构建和确认自己的价值观和信仰体系。

要实现这一点，教育工作者和心理咨询师可以设计并引入一系列的批判性思维课程，如哲学思考、伦理学研讨和公民教育等。这些课程不仅能帮助青少年理解不同的观念和信仰，还能促使他们思考哪些是他们真正认同的价值，以及如何坚持自己的判断而不是盲目追随他人。

研讨会也是一个十分有效的工具，它为青少年提供了一个开放且包容的平台，在这里他们可以自由地表达自己对不同社会议题的看法，同时也会受到不同观点的挑战。这种环境可以提高青少年对社会多元面貌的认识，让他们学会在不同的观点中寻求共识。

辩论赛是另一种极佳的方法，因为它要求参与者不仅要为自己的观点辩护，还要理解和回应对手的观点。通过辩论，青少年能够锻炼自己的逻辑思维和口头表达能力，学会在理性的基础上进行讨论和辩驳。

除此之外，日常生活中的批判思维也非常关键。家长和老师可以通过日常对话，鼓励青少年对各种信息源进行评估和分析，这包括对媒体报道、网络信息和广告等持有批判性态度，促使他们发展辨别信息真伪的能力。

通过一系列的教育活动和生活实践，我们可以帮助青少年发展批判性思维，不仅让他们能够质疑并重新审视社会规范和价值观，而且能够让他们建立起强大的个人信念体系，成为能够独立思考和负责任地参与社会对话的公民。

03 沟通和冲突解决技能的培训

随着青少年逐渐进入社会的各个领域，他们不可避免地会遇到不同的观点和利益冲突。在这样的情境之下，培养他们有效沟通和冲突解决的技能变得尤为重要。具备这些技能，青少年能更好地理解他人观点，同时明确表达自己的想法和需要，从而在避免不必要的误解和对立的同时，发展更为和谐的人际关系。

打造青少年沟通技巧工作坊是帮助青少年提高沟通能力的一种有效方式。在工作坊中，他们可以学习如何清晰准确地表达自己的意见，如何倾听他人的想法，如何有效地使用非语言沟通（如肢体动作和面部表情）等重要技巧。这些技能不仅可以用于日常生活中的基本交流，对于处理更加复杂的社交场合也至关重要。

角色扮演则提供了一个模拟真实情境的舞台，让青少年在安全的环境下练习面对冲突和被施加的压力。通过代入不同角色，他们可以更好地理解不同立场之间的动机和感受，同时增强自己应对冲突的能力。角色扮演可以模拟家庭争议、学校纠纷甚至是社会问题，给予青少年一个机会，学习如何在尊重他人的基础上，为自己的权利和观点发声。

此外，通过冲突解决工作坊，青少年能学到如何识别和理解冲突的根源，学习使用调解技术，如协商和共情等，来解决问题。在冲突中找到共同点，寻求双赢解决方案，这些都是值得他们学习的技能。

通过这类针对性的沟通和冲突解决培训，我们不仅可以帮助青少年增强个人表达能力，还能让他们懂得如何在尊重他人的同时维护自己的权益。这样的能力将为他们未来的社会生活奠定坚实的基础，使他们成为既有理性又有情感的沟通者。

04 情感支持和心理辅导

青春期是个体从孩童成长为成人的关键转变期，他们在这一过程中遭遇的内心挣扎和外在碰撞往往需要足够的情感支持和指导。家庭成员的温暖、教师的理解、心理咨询师的专业引导，以及来自同龄朋友的共鸣和支撑，构成了青少年心灵成长的坚实基石。

在家庭中，父母和其他家庭成员的关爱和支持是至关重要的。他们的认可和鼓励能够让青少年有安全感，使他们更自信地面对成长中的种种挑战。家庭成员应提供一个充满爱、开放和包容的环境，应允许青少年分享自己的想法，在遭遇困难时获得慰藉。

在教育环境中，教师不仅是知识的传授者，更是情感辅导的重要角色。他们需要意识到自己在学生心灵成长中所扮演的角色，并且逐步建立起以学生为中心的教学方法，这样能够帮助学生在学业和个人发展上取得平衡。

此外，专业的心理咨询师可以通过提供心理辅导来支持青少年。定期的咨询不仅可以帮助他们识别和解决个人问题，也可以教会他们用有活力和有效的方法去管理情绪和压力。心理辅导是一个过程，它协助青少年理解自己的情绪，制订解决个人和社会问题的策略。

在同龄人群体中，友谊和伙伴关系同样关键。同龄朋友可以互相理解和支持，共同经历成长中的各种困扰和成功。他们可以在彼此之间建立精神上的联系，分享体验，相互给予鼓励，并在必要时提供帮助。

情感教育课程也是必不可少的，它可以整合到学校的课程中，帮助青少年认识和管理自己的情绪，学会同情和体谅他人的感受，以及如何与人进行正面的互动。

不同来源的情感支持结合心理辅导，能够为青少年构建一个全面的支持网络。他们不仅能在这里获得照顾和增强，更可能因此学会如何以积极向上的姿态管理自己的情绪和压力，为健康的社会关系和个人的情绪福祉奠定基础。

第三节 追求独立自主的自我认同

一、自我认同的发展阶段

在青少年追求独立自主的身份认同的过程中，他们将经历几个关键的发展阶段。这些阶段每一个都是十分关键的，不仅影响着他们的个人成长，也关系到他们如何适应社会并与社会互动。

01 第一阶段：混沌与探索

处于青春期早期的青少年，开始逐步脱离儿童时期对父母依赖的状态，并逐渐启动自我认同的探索之旅。在这一发展的阶段，他们逐渐察觉到自己作为一个独立个体的存在，意识到自己的想法、感受与父母或家庭整体可能存在差异。他们开始提出关于自己身份的问题，探索周围世界，尝试从中找到与自己价值观和兴趣相符合的身份标签。

混沌与探索是这一阶段的主要特点。随着青少年接触到更多由外部社会、学校和同伴带来的新想法和生活方式，他们开启了一场寻找自我的旅程。这可能表现为对新兴趣的尝试，涉足不同的社交圈子，甚至改变自己的外在形象。同时，他们也可能开始对父母和传统社会规范提出疑问，探寻自身在世界中的定位。

然而，这一阶段也是充满挑战和不确定性的时期。随着青少年的深入探索，他们可能发现自己的某些选择和兴趣与家庭的预期或社会的普遍规范相悖。例如，对学业方向的探索可能与家长期望他们追求的职业路径大相径庭；或者，他们发现自己对于性别和性取向的理解与传统观念不符。这种不一致性可能会引起他们内心的冲突，导致其情绪的起伏和焦虑感。

02 第二阶段：尝试与反思

在初步的探索阶段之后，青少年开始更加积极地尝试和体验他们感兴趣的各种角色和活动。这一阶段标志着更深入的自省和决策过程的发生。青少年开始将日常体验与内在价值观相匹配，尝试将自己所探索的身份与内心的愿望相结合，这是他们构建个人身份的重要途径。

在尝试与反思的过程中，青少年可能会涉足多个领域，如学术、艺术、运动或社会活动，并通过这些经历检验自己的兴趣和能力。通过与同伴的交流，他们能够获得反馈，检视自己的观点，这有助于他们理解何种身份最能代表自己。他们也可能会开始将更多时间和精力投入自己认为能反映自己特质的活动中，如加入某个特定的社团或团体，或更加专注于某个学科的深入学习。

同时，他们的受教育体验，特别是与教师和学校环境的互动，对他们身份的塑造也会产生影响。课程内容、学习氛围、老师的态度，乃至学校的价值观，都会不断地促使青少年对自己的身份做出反思和判断。

另一个可能影响青少年身份发展的关键因素是社会事件。新闻、文化流行趋势，甚至政治氛围都会在他们对个人以及社会角色的看法上留下印记。例如，在特定的社会运动中，青少年可能会发现自己对社会公平和正义的看法，并将这些理念纳入到自己的身份中。

在这个阶段，接收到的反馈和体验会逐渐积累，开始形成更为持久和明确的自我理解。青少年开始设定目标和计划，这会影响他们的未来教育和职业选择。自我认同的建立是一个综合众多因素的过程，涵盖了对理想、能力和角色的深度认识。明确了这些的青少年，能够更有目的性地进行选择，更自信地向社会表达自己。正如埃里克·埃里克森提出的身份对比与角色混淆的阶段，这是一个确立自我身份的关键时期，可能伴随着某种程度的冲突和困惑，但最终指向个体对自己的理解和承诺。

03 第三阶段：确认与承诺

此阶段是青少年自我认同发展过程中的一个重要里程碑。青少年在通过前两个阶段的探索和反思后，开始有意识地对某些身份元素做出明确的选择和承诺。这一时期，他们在不断的尝试中逐渐确立了对特定兴趣或职业的执着追求，并形成了更为稳定和成熟的价值观和道德观念。这种由内而外的确认，增强了他们的自我感觉，提升了自信心，使他们对未来有了更清晰的规划。

在确认与承诺阶段，青少年可能会开始更深度地投入自己所选择的领域，例如深入学习某一学科，或在某个感兴趣的领域内开始职业规划。他们的社交圈可能也会更加明确，倾向于与共享相似价值观的人建立联系。这一时期，他们可能对自己的身份有了更具体的定义，包括但不限于性别、文化、民族等身份标签，这些标签开始显著影响他们的行为和决策。

对于一些青少年来说，这个阶段可能是通过深思熟虑后做出的重要决策，如选择将来的学习和职业道路，或是参与某个对社会产生积极影响的活动。

04 第四阶段：融合与完整

进入这一阶段的青少年已经度过了个性和个体差异的探索之旅，并开始将不同的身份要素和角色融合为一个协调一致的整体。他们已经能够理解并接受自己多重的身份，不再困于某一特定的身份定义中。这一归属感的建立，不仅包括对外在标签的理解，同样涉及对内在心理特质的接纳。

在融合与完整阶段,青少年不仅明确了"我是谁",他们还开始思考"我为何如此"以及"我将如何表现我自己"。他们学会了如何在不同的社会环境和情境下坚定地表现自己,不再随波逐流,而是有意识地根据自己的价值观和目标做出选择。青少年在这个阶段,通常对未来有更明确的方向性,也更加在乎自己的行为如何对周围世界产生影响。

这一阶段的青少年,已经形成了一个综合不同生活和学习经历、经过个人选择和社会影响、深受个人价值观和理念指引的稳定的自我概念。青少年从原本对自我认同的探索和试验,发展为能够清晰地表达自己的人,他们的自我认同和自主性已经走向成熟。这种成熟不仅体现在对自我理解的深度上,而且体现在与他人互动中展示的自尊和自信上。他们已经准备好以独立的成年人身份,走进更广阔的社会舞台。

二、独立性追求与家庭环境的互动

家庭环境对青少年追求独立自主的自我认同起着至关重要的影响。父母或监护人在这个过程中扮演的角色无疑是重要而复杂的。一个支持和开放的家庭环境可以为青少年的探索提供安全的基础,让他们自由地尝试,同时保留返回的选项,这对于青少年形成稳定的个人身份尤其关键。

01 家庭是独立性的起点

在青少年心智和情感发展的关键时期,一个充满爱、支持和包容的家庭环境起着无可估量的重要作用。家庭不仅是青少年成长的温床,更是他们探索个性和独立性的强大动力源泉。在家庭中所获得的情感滋养可以激发青少年勇于尝试,勇于犯错,勇于不断寻找,使其更好地实现自我认同。

家庭提供的爱与接纳会成为青少年构建自我的坚实基础。当孩子的小小尝试被看见，当他们的好奇心被尊重，甚至是当他们的失败被接受时，他们的自尊心与自信心便慢慢构建起来。父母的鼓励对于增强这一点至关重要，即使是简单的肯定和赞赏，也都是青少年成长路上坚定不移的动力。

父母的积极态度，对于青少年来说，是一种明确的信号，表明他们的个人努力和探索是有价值的。在这种信心的支持下，青少年更愿意和能够积极地面对生活中遇到的各种外部挑战，包括社会对他们角色的期待与要求。他们将能够学会如何在不同的社会环境中找到自己的位置，并以自己的方式积极参与其中。

一个支持孩子的家庭环境不仅仅支持青少年在个人层面的发展，更鼓励他们探索和拥抱社会角色上的多样性。在这个环境中长大的孩子，将能够更快乐、更健康、更自信地步入成人世界，并在这个过程中找到自己独特的定位。

可以这样说，家庭在青少年追求独立自主的自我认同旅程中，起着无可替代的作用。父母通过创建一个充满支持和鼓励的环境，不仅能够促进青少年积极地自我探索，也能帮助他们在面对外部挑战时建立起内在的力量和外在的勇气。完善的家庭教育不仅使青少年在成长中收获爱，更能为他们未来的独立生活奠定坚实的基石。

02 家庭内的开放对话

良好的沟通是家庭和谐与成员间互相理解的基础。为了支持青少年追求独立自主的自我认同，家庭内应当鼓励开放和坦诚的对话。这意味着家庭成员间不仅要分享日常事务，更重要的是分享彼此的想法、感受和梦想。青少年在家中得到的鼓励，可以使他们在外界更勇于表达自己，形成独特的个人观点。

父母在这一进程中的角色至关重要。他们既是家庭的领航者，也应成为青少年成长道路上的引导者。这意味着父母不应只提供指令或规定，还要成为引发探索的榜样，倾听青少年的疑问和见识，提供建设性的反馈，帮助他们在形成自己的观点和价值观时做出考虑和判断。

家庭内的善意互动能有效培养青少年面对问题和冲突时的应对能力。当家庭成员在相互尊重的基础上，共同寻找解决方案或达成共识时，青少年可以学习到如何在不同意见和立场之间找到平衡点，这将极大增强他们未来独立社会化的能力。

开放的沟通氛围能够让青少年感觉自己的声音被听见、自己的个性被尊重，这对于他们在外界形成独立的社交圈，自信地表现自己至关重要。父母的理解和接纳不但能够激发青少年积极探索的动力，也会让他们感到，无论他们的选择和结果如何，家将永远是最可靠的避风港。

家庭内部的开放对话是支持青少年在追求独立自主的过程中成长为有思想、有担当的个体的不二法门。通过这种交流，父母与青少年之间建立了一种互信与支持的关系，这将对青少年未来的人生发展产生持久的积极影响。

03 处理家庭价值观与个人追求的冲突

当青少年开始塑造自己独立的身份时，他们所做的选择可能会与家庭长辈保持的传统价值观相冲突。在这个动态变化的过程中，家庭成员之间如何维护和谐，同时允许青少年寻找并追求自己的道路，成为一个必须面对的挑战。

第一步是确保家庭是一个对话和讨论可以自由发生的场所。当青少年希望采取某个与家庭价值观不一致的行动时，家庭成员应当展开沟通，而不是压制或回避。父母和孩子可以共同探讨每个人的价值观，理解它们之间的不同，尝试找到共同点或者妥协的解决方案。

父母在处理价值观冲突时需将青少年的成长与变化考虑在内。青少年正处于个人理想、目标以及价值观迅速发展的时期，所以他们做出的选择可能与家庭传统的期望有所不同。在这个过程中，父母有责任展现出开放的态度，努力理解并尊重孩子的选择，哪怕它们和家庭原有的价值观不完全相同。这种尊重将传达一个信号：即使意见不同，家庭的爱和支持不会改变。

更重要的是，平等的对话能为解决价值观冲突搭建桥梁。家庭成员可以在平等和尊重的氛围中表达自己的意见，同时倾听他人的看法。通过讨论，家庭成员可以深入了解彼此的关注点与动机，从而相互增进理解，促进问题的解决。

此外，家长们也可以与青少年一起制定家庭规则和边界，允许青少年在这些框架内自由地做出选择和探索。这种共同参与制定规则的过程，不仅可以使家庭内的规则和期望变得更加透明，而且可以增加规则的合理性和接受度，从而减少冲突。

承认家庭价值观与个人追求之间可能存在的差异，并且积极寻求沟通与理解的途径，对于建立一个健康、开放的家庭环境至关重要。通过这样的互动，家庭不仅能够维持内部的和谐，更能鼓励青少年在尊重和个体成长的基础上，追求属于自己的独立性。

04 父母如何支持青少年的独立性

在青少年的成长过程中，父母的支持对于培养孩子的独立性至关重要。一个关键的挑战是找到正确的平衡点，既能促进他们自我发展和主动学习，又不至于放任孩子在没有准备的情况下面对困难。父母需在孩子的自主决策与必要的家庭指导之间寻求一个中庸之道，确保孩子在尝试新事物时有足够的自由，同时也能得到适当的帮助和建议。

设定合理的边界是支持青少年独立性的一个重要环节。这些边界应该定义明确，既可以让青少年了解在追求自主的过程中所能到达的限度，也保证他们在安全和健康的环境中进行探索。这些边界不应该太狭窄，否则会阻止青少年的个人成长，也不能太宽泛，否则会让青少年在未准备好的情况下面对较大的风险。通过这样一个平衡，青少年能够学会在父母的关怀和实际生活的挑战之间做出权衡。

信任是父母支持青少年独立性的重要一环。父母要相信青少年的能力，允许他们自己做决定，即使这些决定与父母的意见不同。这种信任的展现不仅能增强青少年的自我效能感，还能鼓励他们学习如何负责任地处理后果。父母可以通过给予青少年更多的家庭责任，比如做家务、管理自己的零用钱，或者安排自己的学习计划，来促进他们责任心的培养。

父母应该意识到，当青少年犯错时，这也是他们学习和成长的机会；而不应立即进行批评，应该鼓励孩子从错误中学习，帮助他们分析问题产生的原因，探究解决的办法。这种包容的态度对于青少年建立信心，以及提高未来独立解决问题的能力都是极为有益的。

父母的角色是复杂多变的，他们需要在保护和放手之间找到微妙的平衡。通过设置合理边界、展现信任以及提供适当的责任，父母可以有效地支持青少年的独立性发展，帮助他们成为自信、自律和自主的成年人。

05 家庭以外的经历

家庭教育固然重要，但家庭以外的经历同样是青少年个人成长和独立性发展的重要组成部分。积极参与校外活动，如加入兴趣小组、领导力训练项目、公共服务项目或是文化艺术团体，都能让青少年有机会接触不同的环境和挑战。这些活动不仅可拓宽青少年的社交圈子，增进与同龄人的互动，还能帮助他们探索自己的兴趣，发展特殊技能，进而培养独立思考和行动的能力。

在家庭以外的环境中，青少年能够接受新的刺激，体验不同的社会角色，这些体验是他们自我效能感增长的温床。能够成功完成一个项目或在小组活动中扮演关键角色，将大大提升青少年的自信心，让他们意识到自身的能力和价值。通过这些积极的体验，他们将更加相信自己能够有效地影响环境，达成目标。

外部经历提供的挑战和机遇，激励青少年发现自己的潜能和兴趣点。这不仅促进他们个人技能的发展，还加深了他们对自己身份的认识。在家庭之外追求成长和成功的过程中，青少年开始形成更全面的自我认同。他们学会了如何自主选择活动，承担责任，并感受到个人成就的喜悦。

家庭成员，特别是父母，应积极支持青少年参与这些活动，为他们提供必要的资源和鼓励。同时，家长也可以利用这些机会与孩子交流，了解他们在校外活动中的所见所感，鼓励他们分享学习到的新技能和心得体会。这样的沟通不仅能增强家庭关系，还能进一步促进青少年的自我发展。

家庭以外的经历为青少年提供了宝贵的机会去探索、学习和茁壮成长，帮助他们在多元化环境中塑造坚韧独立的自我。通过支持和鼓励青少年深入参与这些活动，家庭可以确保这些年轻人在走向成熟的道路上，收获丰富多彩的人生经验。

三、自我认同建立的策略与建议

在青少年时期，个体不仅在身体上成长，同时在心理和情感层面也经历着飞速的发展。为了帮助青少年建立和发展独立自主的自我认同，以下是一些实用的策略与建议。

01 强化自我意识

自我意识是个体自我认同的核心。鼓励青少年深入自我反思，通过日记记录，他们可以追踪自己的情感波动，观察自己思维和行为的模式，从而对自己有更深刻的理解。心理咨询可以为青少年提供一个安全的环境和专业的指导，帮助他们处理内心的困惑，从而增强自我意识和同理心。

此外，亲近自然和参与冥想活动也能帮助青少年放慢生活节奏，从繁忙的学校和社交活动中抽身，专注于自我感受和内在世界的体验。这些活动能够帮助青少年建立起对自己的深刻洞察，为其他与自我发展相关的活动打下基础。

02 倡导正面自我对话

正面的自我对话是塑造积极自我形象的重要工具。我们要教导青少年意识到内在语言的力量，鼓励他们使用鼓舞人心的语言替代消极或批评性的自我对话。例如，每当完成一项作业或成功解决一个问题时，不要小瞧自己的努力，而是要用正面的话语赞赏自己："我做得很好，我能攻克难题。"通过这种方式，青少年可以逐渐构建和巩固自己的自信心和自我价值感。父母和教育者可以通过示范或直接指导的方式帮助青少年发展这一技能。

03 发展自主学习能力

在知识不断扩展的世界里，自主学习能力对青少年来说非常重要。鼓励青少年利用网络课程，如MOOCs（大型开放式在线课程）探索他们感兴趣的主题，从而在自我导向的学习中深化认知和兴趣。图书馆资源和各类培训工作坊也是宝贵的信息来源，可以帮助青少年接触新知识、技巧和经验。父母和教师应鼓励青少年制订自己的学习目标并跟踪进度，同时提供必要的支持和资源。自主学习不仅增强了青少年的学习和解决问题的能力，也为他们成为终生学习者奠定了基础。

04 鼓励实践与体验

实际的经验和实践活动对青少年确立自我认同至关重要，因为它们提供了学习新技能和理解社会角色的直接机会。鼓励青少年参与志愿服务项目，不仅能帮助他们提高组织协调能力和团队协作技巧，还能增强他们的社会责任感和同情心。通过这些活动，青少年能够直接参与到社区的发展中，增强他们的社会认同感，并理解他们所扮演的角色对他人和社会的积极影响。

社区活动也可以为青少年提供活在当下的体验，如通过参加社区节日庆典、公共艺术项目或环保倡议，他们可以感受团结的力量，并认识到个人努力如何成就更大的共同目标。此外，兼职工作则可以教会他们工作职责和金钱管理，同时帮助他们在家庭之外建立自我价值，了解职业世界的实际运作。

通过这些多样化的实践经历，青少年不仅能够掌握实用的生活技能，更重要的是，它们能够让青少年在自我认同的探索中获得多元化的视角，帮助他们更好地在未来的生活和职业规划中做出明智且适合个人兴趣和价值观的决策。

05 促进人际交往

帮助青少年构建和维持一个健康的社交网络是支持他们成长的另一个关键方面。良好的人际交往技能可以极大地提升他们的社会适应性和心理福祉。向青少年介绍如何培养和展现同理心是重要的一环，这包括学习倾听他人、感受他人的情绪和看待事物的角度，从而在彼此间建立深厚的联系。

有效沟通技能的培训也是必不可少的。通过角色扮演、场景模拟等方式，教导青少年如何明确表达自己的想法和需求，同时了解如何接收反馈和对不同意见做出适当的响应。此外，争议和冲突解决的技能对于维护持久的人际关系极为重要。这包括学习如何妥协、共情以及寻求和解，同时保守自己的立场和价值观。

06 定义个人价值观

我们要辅导青少年明确定义个人价值观,这样他们在未来的道路中就可以以这些价值观来指导自己的决策和行动。家庭讨论是价值观塑造的理想起点,它能让青少年明白自己的信念系统源于哪里,并如何与家庭及社会价值相联系。通过这样的讨论,青少年能反思个人的价值观是如何描述自己的,以及是否真正反映他们的内在信仰。

在教育课程中,学校可以引入道德伦理教育与公民课程,这不仅可以帮助青少年理解社会的共同价值,也可以激励他们探索个人的独立道德观。此外,鼓励青少年进行独立研究或参加辩论团队,可以促使他们更深入地思考诚信、责任感和同情心这些价值到底对他们意味着什么,并且如何将这些价值应用于日常生活中。

07 设立可实现目标

在帮助青少年塑造独立自主的自我认同的过程中,设立实际且可行的目标发挥着至关重要的作用。这些目标不仅需要明确、可衡量,同时要具有可实现性,与青少年的兴趣和热情相符合,且要有明确的时间框架。SMART原则——即目标应当是具体的(Specific)、可衡量的(Measurable)、可以达到的(Attainable)、相关的(Relevant)、时限性的(Time-bound)——可以为青少年目标设定提供有力的指导。

教导青少年如何依据这一原则设定短期和长期目标,并将目标细化为一系列实际可执行的步骤,对于他们来说是至关重要的学习内容。例如,如果一个青少年的目标是提高学习成绩,那么他需要设定具体的学习计划,并明确每一步的完成时间。青少年还可以设立关于个人发展的目标,如提高公共演讲能力或学习一门新乐器,这些都可以帮助他们积累自信和成功的经验。

为了实现这些目标,青少年应该学会如何制订行动计划并监控自己的进展情况。这其中包括定期自我评估，以及如何根据评估结果调整策略。家长和教育者可以通过定期检查和反馈，帮助青少年跟踪自己的进展，并保持他们对目标的承诺和热情。

08 培养抗压能力

面对学校、家庭和社会的压力，青少年必须学会如何培养抗压能力。这涉及如何理解压力的产生，如何管理和减少压力的影响。培训可以从如何辨识压力的来源开始，然后教授策略来应对这些压力，比如通过体育活动、艺术表达或其他放松技巧来释放紧张感。

培养临界思维能力对青少年理解和应对压力同样重要，它可以帮助他们评估面临的压力是否合理，并探索解决难题的新方法。此外，团队支持也是必不可少的，支持可以来自家庭、朋友和导师，一个有效的团队支持系统能为青少年提供必要的社会和情感资源来面对挑战。

此外，自助工具——如冥想应用、时间管理软件或情绪调节策略——也可以作为青少年培养抗压能力的有益辅助。

09 学习时间管理

时间管理是青少年发展独立自主生活必不可少的技能。教授青少年如何有效地规划和利用时间，可以帮助他们在繁忙的日程中找到学习、休息和娱乐之间的平衡。这可以通过具体的策略实现，如确定优先级、使用计划工具（例如日程表或数字化应用）和避免拖延。

时间管理工作坊提供了青少年学习和实践这些技能的机会。在工作坊中，他们可以通过互动活动和实战演练探索如何制订日常计划，如何估算完成各项活动所需的时间，以及如何调整计划以适应突发事件。学会有效的时间管理不仅可以提升他们完成任务的能力，还有助于减少时间紧张引起的焦虑和压力。

第四节 情绪管理问题与冲动行为

一、情绪管理困难的原因

情绪管理对于青少年的健康发展是至关重要的，但在成长的过程中，他们往往会遇到情绪管理的困难。这些困难的产生可能有多种原因，理解这些成因是帮助青少年克服情绪管理问题的第一步。

01 神经发展的影响

青春期的神经发展过程对于青少年的情绪管理和行为控制有很大的影响。在这个时期，青少年的大脑，尤其是负责情绪、行为等功能的前额叶，还在持续成长和发育当中。前额叶是大脑中最后成熟的部分，它涉及的能力包括规划、决策、社会行为和自我控制等。直到20岁左右，这一区域才完全发育成熟，青少年才能够充分发挥出上述能力。

在大脑发育的这一过程中，青少年在未发育成熟的神经系统的影响下，往往会表现出较多的冲动行为。他们可能会在决策时更多依靠大脑的情感中心——杏仁体，而不是尚未成熟的前额叶皮质。这就导致他们在遇到压力或情感激烈的情境时，更难进行冷静思考和权衡长远利益。例如，青少年可能会在没有充分考虑后果的情况下做出决定，或在挫折面前无法保持冷静。这种大脑发展状态的影响，让青少年在情绪调节上面临额外的挑战。

02 荷尔蒙变化

青春期的生物学变化，特别是荷尔蒙水平的变化，同样对青少年的情绪管理带来了挑战。青春期是人体发生多种生理变化的时期，伴随着性激素的增加，这一变化不仅会影响青少年的身体发育，还会影响到他们的情绪和心理状态。荷尔蒙的波动会使得青少年的情绪更加易变和不稳定，有时候他们会对小事过度反应，或在压力下感到不知所措。

情绪的波动可能导致青少年感到突然的情绪高涨或低落，比如忽然间的生气或悲伤，以及对周围环境的烦躁不安。荷尔蒙的影响可能表现为焦虑、冲动甚至愤怒爆发。青春期的这些情绪起伏有时可能给青少年带来困惑和自我怀疑，尤其是当他们试图理解自己的感受和行为时。

03 心理与社会压力

除了生理上的变化，青少年还常常在心理和社会层面上受到压力。学校的学习压力、家庭的期望、与同伴的互动，以及社交媒体上的表现，都可能给他们带来巨大的压力。在试图适应这些压力和挑战的过程中，青少年可能会经历焦虑和抑郁等心理健康问题。

学校的作业负担、考试压力和竞争环境往往使青少年感到"压力山大"。在家庭中，父母对青少年未来职业和学习成绩的期望，也可能给他们造成额外的精神负担。同伴关系的复杂性和日益增长的社交媒体使用时间，尤其是在身份建立和社会接受方面的压力，有时也可能超出他们的处理能力。这些压力可能妨碍青少年的情绪调节能力，加剧情绪波动和冲动行为。

04 缺乏经验与技巧

成长的过程是一次不断学习和适应的旅程。对于青少年而言，经历多变的情绪波动是他们发展路上的一个重大挑战。由于缺乏经验和未能充分掌握管理情绪所需的复杂技巧，他们往往在面对挫折、失败、拒绝或压力时感到无助。这种无力感可能会由于他们所经历的情感波动的新鲜感和强烈程度而被放大，因为青少年还在学习如何处理成长过程中所遇到的复杂情感和社交互动。

例如，失望可能源于挫败，如未能达到某个学业目标或失去一个朋友；排外可能来自不被同龄人接受；而紧张则可能源自家庭期望和学校要求的压力。这些情绪的管理需要识别情感的来源，理解其背后的思考模式，学习适当的应对策略，并练习积极的自我对话来调节自己的反应。所有这些技能对于青少年来说都是至关重要的，但往往需要时间和实践才能熟练掌握。

05 家庭环境

家庭作为青少年学习情绪管理的第一个课堂，其环境和家庭成员的行为对青少年能否建立有效的情绪调节能力起着至关重要的作用。在一个充满爱、尊重、有益沟通和情感支持的家庭中，青少年更容易学会如何识别和表达情绪，并从家人那里学会处理负面情绪的策略。

相反，如果在家庭中存在严重的忽视、冲突、紧张等关系或者缺乏情感的交流，青少年可能就无法学会如何有效地管理情绪。长期处于这种环境下的青少年可能会逃避、压抑情感或采取不健康的应对方式，而不是学习恰当地表达和解决问题的方法。因此，营造一个积极的家庭环境并引入适当的情绪调节模式，对于预防和改善青少年的情绪管理问题至关重要。

小瑶是一个 19 岁的独生女，拥有清爽的短发和明亮的大眼睛，给人一种干净漂亮的印象。她的父母工作繁忙，母亲是东北人，有铁路职工的家庭背景，而父亲是当地人。母亲时常对父亲提出批评，抱怨他没有出息，身为独生女的小瑶常常陷入父母不和谐的关系中。

在家庭环境的压力下，小瑶在学校遇到了障碍，常感到胸闷和烦躁。肩负着父母对她未来的不同期望，小瑶深感忧虑，担心自己无法达到母亲提出的考上好大学的要求。她的心理状态进一步恶化，以至于在看到感冒药时，她脑海中会出现自我伤害的念头。

在一次和母亲的冲突后，小瑶过量服用了抗抑郁药。这次事件成了她心理咨询之旅的开始。经过与咨询师的沟通和治疗，她的母亲也发生了变化，两人的关系变得更加和谐。

通过三个疗程的努力，小瑶的情况有了显著改善。她不仅顺利考入了秦皇岛的一所大专学校，而且还交到了男朋友。小瑶的故事展示了心理咨询的力量，以及家庭成员之间沟通和支持的重要性。在艰难的环境中，小瑶获得了新生，不仅面对了心理上的挑战，也重新确立了她的未来方向。

06 文化和社会因素

不同的文化背景和社会对情绪表达的期望与限制，对青少年的情绪管理也有显著影响。在一些文化中，表达特定情绪——如愤怒、悲伤或恐惧——可能被认为是不适当或是软弱的表现，这可能阻碍青少年学习和练习情绪管理的技巧。青少年可能会觉得他们需要隐藏或压抑自己的情感，以符合社会的期望。这种压抑不仅可能影响他们的心理健康，而且可能会在未来的关系中导致紧张和冲突。

此外，社交媒体为青少年提供了一个展示和分享情感的新平台，但这种环境也可能给他们带来新的压力。在社交网络中，因为担心被评判和需要维护一个完美的在线形象，青少年可能会改变他们对情绪的自然表达。这种应对社会期望的方式可能会加剧他们在情绪管理上的挑战。

二、冲动行为的后果与对策

青春期是人生中的一个变动和挑战频繁的时期，在这个时期里，许多青少年都可能表现出一些冲动行为。了解这些行为的可能后果及如何应对它们，对于青少年的个人发展和社会适应至关重要。

01 冲动行为的后果

冲动行为，通常被定义为缺乏预考虑的行动，对于青少年而言，这是他们面临的主要行为挑战之一。冲动的行为有时是大脑发展的自然产物，青少年在这个阶段大脑前额叶的自我调节功能尚未完全成熟，因此控制冲动和考虑后果的能力较弱。然而，冲动行为的后果可能是迅速而严重的。

短期后果的范畴可以从小至未能完成家庭作业，到大至参加危险的活动。例如，在一时冲动的决定后，青少年可能选择逃课或挑战学校的规则，这可能直接导致学业问题和学校纪律处分。在社交层面，冲动的言辞或行为可能引发与朋友或家庭成员的争执，破坏原本和谐的人际关系，并对青少年的社交圈产生不利影响。

更危险的冲动行为可能诱使青少年尝试烟酒、药物或其他不安全的行为，包括无抵抗力地屈从于同侪压力。在这些情形下，可能带来的健康风险包括慢性健康问题、药物成瘾，甚至意外伤害或死亡。

长期后果则可能影响青少年整个未来的生活轨迹。不慎重的决定可能会在青少年的学习记录上留下污点，或影响他们在未来求职时的背景调查。持续的冲动行为也可能损害青少年的信誉和社会关系，这些负面印象可能很长时间内都难以改变。

而一些非法的或高风险行为甚至可能导致法律后果，包括青少年司法体系的干预，这会对其未来的教育和职业道路产生重大障碍。社会上对于曾经有违法行为的青少年的标签化态度可能导致他们在社会重融入过程中面临更大的障碍与挑战。

除了这些直观的后果，冲动行为还可能导致青少年的心理健康问题，如焦虑症和抑郁症。当他们意识到自己的冲动行为带来了不良后果时，衍生出的自我内疚感和羞愧感可能会驱使他们陷入消极的自我感受中，形成恶性循环。

02 冲动行为的对策

鉴于冲动行为的这些潜在后果，我们有必要实施一些有效对策来应对它们。

（1）情感意识和表达训练

要培养青少年的情绪管理和情绪表达能力，首先需要教育他们如何正确地识别和表达自己的情绪。这通常涉及情感教育课程，其中包括教授情绪识别的技巧，如通过面部表情、身体动作和心理反应来识别不同的情感状态。此外，还需要指导青少年如何以建设性的方式表达情绪，学会使用第一人称的语句来表述个人感受，而非批评或责备他人。

通过角色扮演、情感卡片游戏以及其他互动式活动，青少年可以模拟现实生活中可能面临的不同情绪场景。这些练习有助于他们培养更高的情绪智商，即辨识自己和他人情绪的能力，并适时做出反应。

（2）冲动控制策略

冲动控制策略对于青少年来说是一项必不可少的技能，它能够帮助他们在决策过程中加入更多的思考与理性。延迟满足感的技巧，意味着培养在行为冲动时耐心等待的能力。例如，当青少年想要立刻购买一个昂贵的物品时，教他们首先考虑这一行为对他们长期目标的影响，这可能有助于减少冲动消费。

此外，当面临情绪高涨的情境时，青少年可以采用深呼吸和正念冥想等自我平静的方法。这些方法通过带来身心的平静，为他们提供了暂时抑制冲动反应的空间，让他们有机会重新评估即将采取的行动，从而做出更合理的选择。通过练习和应用这些技巧，青少年可以逐步学会控制自己的冲动，从而在日常生活中做出更加明智和理性的决策。

（3）提高问题解决技巧

在青春期发展阶段，青少年面临着许多需要解决的问题，从学业压力到人际关系的挑战。教育他们如何运用有效的问题解决技巧至关重要。

头脑风暴，即收集各种可能的解决方案，无论看起来有多不切实际，都应该被考虑。这有助于青少年开阔思路，探索新的解决方法。

成本—效益分析，则引导他们权衡不同选项产生的潜在利益与付出的成本，这种策略有助于他们更明智地做出选择。

利弊权衡，则是让他们列出每个选项的优势和缺点，以可视化的方式评估各种选择的影响。

案例研究和模拟游戏，则为他们提供了一个实际操作的平台来应用所学的技巧。

通过这些活动，青少年不仅可以练习在安全的环境中解决问题，还能从学习经验，为处理现实生活中的挑战做好准备。

（4）社会技能培养

对于青少年来说，强有力的社交技能能够助力其在与他人的互动中取得成功。我们要教导他们如何有效进行协商，帮助他们在朝着共同目标努力时达成双赢的结果。学会倾听不仅意味着接收信息，还意味着理解和感受到他人表达的未言之言，这可以加深青少年的同理心并强化他们的人际关系。

平和解决冲突的能力对于建立持久而健康的关系来说至关重要，通过避免误解和降低对立，可以使他们在一系列社会互动中，如朋友团体内、学校环境，甚至将来的职场互动中，保持平衡和谐。通过小组活动和交流练习，青少年可以在支持性的环境中练习这些社交技能，掌握如何正面地走向人生的社会化道路。

（5）后果管理

培养青少年对行为后果的理解是情绪管理的关键组成部分。他们必须认识到自己的选择如何影响未来，无论是长期后果还是短期影响。通过实践故事讲述，青少年可以从他人的经历中汲取教训，学习如何评估行为和做出明智决策。

写作也是一个强大的工具，它可以帮助青少年通过文字阐述和反思个人经历，从而加深对自己行为影响的理解。团体讨论和咨询服务也能为他们提供分享经验和获取专家指导的机会，其中专业的咨询师可以引导他们挖掘行为背后深层的动机，分析潜在的结果，并学习如何从每次经历中成长。

（6）家长和教师支持

在青少年面临情绪困境时，家长和教师的角色尤为重要。他们可以提供一个温暖和稳定的支持网络，当青少年在情感或学业上遇到挑战时，他们可以给予帮助和慰藉。教师和家长须携手合作，传递一个明确的信息，即在面对挑战时青少年并不是孤立无援的。是否提供及时的情绪管理资源，如心理咨询和辅导机会，将是他们能否成功应对压力的关键。此外，通过日常互动和积极反馈，家长和教师可以增强青少年处理负面情绪的自信，教他们在压力面前保持坚韧和乐观。

（7）健康生活方式的推广

青少年的身体健康直接影响情绪状态及冲动控制能力。均衡饮食保证了全面的营养摄入，对大脑功能和心情稳定都至关重要。充足的睡眠有助于情绪调整和认知功能改善。定期的体育活动不仅有助于抗击压力、转变心情，更能促进社交沟通和团队合作。

通过在学校鼓励推广运动队、开设烹饪营养课程以及组织睡眠卫生研讨会等活动,可以帮助青少年了解健康生活的重要性,并将其融入日常生活中。这种生活方式的确定和遵守,以及与同龄人的正面互动,都能构建一种支持性的环境,帮助青少年更好地管理自己的情绪和冲动。

三、情绪管理技巧的培养与训练

为了辅助青少年应对日常生活的情绪挑战和压力,教导他们有效的情绪管理技巧显得尤为重要。以下是专为青少年设计的一些情绪管理技巧的培养与训练方法。

01 自我感知的加强

自我感知是指个体对自己内在情绪和心理状态的认识,它是情绪管理的基石。为了加强青少年的自我感知,教育他们写日记是一种简单有效的方法。在日记中记录每日的情绪起伏,不仅可以帮助青少年发现情绪变化的规律,还能揭示那些可能导致情绪改变的触发因素。除了书面日记,心理测量工具如情绪量表或应用程序也可以帮助青少年量化和可视化他们的情绪变化。情绪日历也是一种有用的工具,它允许青少年在日历上记录和追踪特定事件与情绪变化之间的关系。

这些工具和方法的定期使用,可以帮助青少年更深入地理解自己的情绪模式,并提供有利于情绪调节和管理的线索。

02 冷静反应的技巧

青少年时期,面对冲动或不适感时能否迅速做出冷静反应,很大程度上决定了他们是否能有效管理自身情绪。数息法是一种简单但强大的技巧,青少年可以通过专注呼吸,避免冲动反应,给自己留出思考空间。放松训练则可以通过系统性地紧张和放松身体的不同部位,来帮助青少年减轻肌肉紧张感和精神压力。

此外，注意力转移是冲动控制的一个重要技巧，通过将注意力转移到某物或活动上，可以减少对于冲动驱动的行为的渴望。例如，运用想象力想象一个舒适的场所或进行一项吸引注意力的活动。通过学习和定期练习这些技巧，青少年可以培养在压力情境下保持冷静和控制情绪的能力。

03 合理表达情绪

合理地表达情绪对于青少年的心理健康至关重要。与其让情绪积压至爆炸点，不如教会他们如何在情绪涌现时，以健康的方式表达出来。这意味着需要指导他们如何在适当的时候找到合适的人倾诉，如何在冷静下来后阐述自己的感受，以及如何避免在愤怒或激动的情绪驱使下做出可能会后悔的选择。

要让青少年理解，情绪并非弱点，表达情绪是一种强大的沟通工具，能够帮助他们建立更加健康和真实的人际关系。通过良好的情绪表达训练，青少年可以在学会自我调节情绪的同时，更好地与周围人建立和谐的联系。

04 求助技巧的提升

能够在需要时求助，是青少年发展成熟应对机制的一个重要方面。我们需要教会青少年在遇到情绪困境时寻求帮助的途径和重要性。应向他们强调，寻求帮助不是失败的表现，而是处理问题的一种积极有效的方式。

青少年需要了解，当自己无法独立处理情绪问题时，他们可以找谁寻求帮助。无论是家人、老师、心理辅导师，还是信任的朋友，应明确告知他们这些支持渠道，并鼓励建立一个可信赖的支持网络。例如，学校可以提供心理咨询服务，家长可以与孩子讨论家庭内外的问题，并提供实用的解决策略。

　　提升求助技巧也意味着要教会青少年如何准确描述他们的感受，如何向别人表达他们的需求，以及如何合理地接收和应用得到的建议或批评。通过培养这些技巧，青少年将能够更加自信地处理复杂情况，从而保持更健康的情绪状态和心理健康。

05 应对策略的模拟

　　应对高压情境所需的情绪管理技巧往往难以通过简简单单的讲授就能学会。因此，角色扮演或情景演练的方法，可以为青少年提供一个模拟现实生活挑战的机会，这种方法能帮助他们在没有真实风险的情况下练习这些技能。

　　在角色扮演活动中，青少年可以扮演在特定情境中可能遇到的各种角色，例如家庭冲突、学校压力或同伴间的冲突中的自己。在安全的模拟环境中，他们可以尝试应用冷静反应的技巧、情绪表达的技巧，以及求助的技巧等。这样的练习能够帮助他们在真实生活中遇到问题时，快速调用已学到的策略，以更加成熟的方式处理情况。

　　情景模拟的形式可以多样化，例如通过视频游戏模拟、小组活动或者家庭会议来进行。每次模拟后应有一个反馈和讨论环节，让青少年有机会解析自己的行为，学习如何在未来改进。通过这种方法，他们可以掌握在压力下自我调节的技巧，形成有效的情绪和行为管理策略。

04 / 第四章

叛逆行为的认知、情感与行为机制

第一节　认知过程中的偏差与误解

一、认知失调与青少年的自我形象

在探讨青少年叛逆行为的认知、情感和行为机制时，我们必须首先了解认知过程中可能出现的偏差与误解。其中认知失调是一个关键概念，它会对青少年的自我形象产生重要影响，并可能触发一系列叛逆行为。

01 什么是认知失调

在认知失调理论中，首先假设人们维持心理和谐的愿望强烈到足以激发改变态度、信念或行为的动力，那么当一个人同时持有互不相容的信念，或当他的行为与信念不一致时，便会感受到不舒服的心理张力。这种心理状态就是所谓的"认知失调"。

美国心理学家利昂·费斯汀格提出，个体会自然倾向于减少或消除认知失调，因为这种心理的不一致感被视为不愉快的精神状态。举例来说，如果一个人坚信健康饮食的重要性，但又不能抗拒高热量零食的诱惑，那么他便会经历认知失调。他可能通过改变其对健康饮食的看法、减少对零食的摄取，或者是通过更频繁的锻炼来补偿这种不健康的饮食行为，以此来减少内心的矛盾与冲突。

在青少年时期，认知失调可能与多种情境关联。这一时期青少年在形成自我概念和社会认同的同时，也要应对身体发育和社会期待的变化，这些变化很可能与既有的认知或信念系统发生冲突。例如，一个青少年可能被家庭教育成为一个顺从的孩子，然而在与朋友相处时却发现叛逆更能获得认同，进而在顺从与叛逆之间感到心理的拉扯和不适。

认知失调不仅仅会引发情感上的不快，它也会驱使个体去实现认知一致，不论是通过改变原有的信念、采取新的行为，还是通过合理化、否认或避免那些引发失调的信息。因此，对于青少年而言，理解和处理认知失调，不仅对于其心理健康至关重要，也是其发展成熟、形成稳定自我观念的必要过程。

17岁的职高女孩小丽，面临着她人生中的一个艰难时期。她与母亲及年幼的弟弟一同来到咨询室，带着不想上学、睡眠不足、食欲缺乏，以及生活中缺乏兴趣的问题。更令人担忧的是，她尝试通过网购药物来伤害自己，这是家长在日常打扫中偶然发现的。妈妈表示女儿从初二开始就出现了不想上学的情绪，并且曾经自残过。

妈妈的困惑和担忧中透露出一丝无助感。她认为小丽总觉得父母对弟弟的关爱多于她，同时，她担心女儿的安全，因为小丽无法辨认交通信号和方向，这使得母亲不敢放心地让她单独外出。然而，这种保护的举动恰恰被小丽视为束缚和忽视。

小丽本人表达了对母亲强烈的控制欲和家庭偏向弟弟的不公感受。在她看来，爸爸妈妈对她冷漠，这种感觉源于她和弟弟之间每次冲突的解决方案总是对她不利，即使是她喜欢的东西，如果弟弟不喜欢，就无法获得。小丽曾因为反抗并和母亲争吵而自残，伤害了自己的脸，而父母对此却无动于衷，甚至认为小丽有精神问题。

小丽深感被父母忽视，认为在家庭中自己是不重要的，这种被忽略的感觉让她觉得自己不好、不可爱、不值得被爱。缺乏来自亲情的安全感和认同感，让她感到自己不属于这个家庭。痛苦、叛逆和无望的情绪充斥着她的生活，影响到其最根本的生活能力。

通过解构小丽的故事，我们既看到了青少年心理困境的复杂底层情感，也认识到有效沟通和及时关爱在青少年成长过程中的重要性。在青少年的心理辅导中，家长、教育者和社区工作者需要认真倾听青少年的心声，提供理解、支持和爱的环境，这是帮助他们度过困难时期、预防潜在危机的关键。

02 认知失调与青少年的自我形象

青少年时期是个人自我形象发展的关键阶段，青少年在这一时期探索和确认自己的个性、价值观念以及社会角色。他们可能会有强烈的内在驱动，渴望形成独立的自我，并寻求外界的认可。然而，当内在的自我期望与外在社会期待发生冲突时，认知失调的情况就可能产生。

例如，一个青少年可能内心深处非常重视学业成绩，因为他认为这是未来实现职业成功的关键。但在同龄人群体中，学习上的努力可能被视作"书呆子"的行为，不被认为是"酷"的。这种情况下，青少年可能在追求学业成就（内在信念）与获得同伴接纳（外在期待）之间感到拉扯，从而经历认知失调。

这种矛盾的压力会影响青少年自我评价的过程，他们可能为了寻求一致性而产生自我否定或放弃现有的自我观念，这在行为上可能表现为叛逆或是抵制传统的行为模式。这一过程中的认知偏差与误解不仅仅是一种心理体验，还可以实实在在地影响青少年的行为和情感表达。例如，一个青少年可能由于认知失调而感到焦虑和沮丧，从而在情感上更加敏感和易怒，行为上也可能变得更加叛逆和冒险。

二、价值观与信念系统在叛逆中的角色

在青少年的心理发展过程中，他们形成的价值观和信念系统对其行为模式产生着深远影响。这些价值观和信念系统是他们认知框架的核心，它们决定了青少年解释周围世界和做出决策的方式。当青少年的价值观与他们所处的环境——无论是家庭、学校还是更广泛的社会——发生冲突时，叛逆行为很可能随之产生。

01 叛逆：个人信念系统的构建过程

叛逆行为在青少年中通常被理解为对成人规范和权威的自然反抗，但其背后往往隐藏着更深层次的认知发展过程。在这一关键的自我探索阶段，叛逆行为可能表现为青少年积极建立和调整他们的个人信念系统。

当青少年开始对家庭乃至文化传统中的某些做法进行质疑时，这通常并不是简单的反叛或造反。更多时候，这是他们在尝试认识的过程中，通过批判性思维来评估旧有信念和新兴观念。他们可能发现自己对某些习俗、规范甚至价值观持有不同或者更新的看法。这样的质疑和探索有助于他们在对个人信念的深入思考之后，建立起与自我认同相一致的价值体系。

例如，青少年可能会挑战父母关于职业选择或生活方式的期望，不是出于反抗，而是出于对个人兴趣和激情的追求。通过评估这些传统观念与个人目标之间的关系，他们可能会采取与长辈不一样的路径来实现个人理想。

02 认知偏差和叛逆行为

在这个认知过程中，偏差和误解可能产生显著影响。在信息处理和判断形成过程中，如果青少年因某些认知偏差而未能准确地评估外界环

境或自己的内在信念，可能导致他们的行为显得过激或不当。例如，一个认知偏差可能会导致青少年过分夸大他们与父母或传统观念的不同之处，而忽略了双方的共通点。

这类认知偏差通常源于各种原因，如情绪影响、社会化过程或信息解读的有限性。有时，青少年可能会因某些具有挑衅性的信息或经验而形成有倾向性的判断，这往往是未经批判性思考所致。青少年缺少足够的生活经验，这些偏见或误解就可以轻易被一些极端的观点或行为所强化。

03 情绪与价值信念的整合

在这一过程中，青少年的情绪也扮演了重要角色。他们的价值观和信念系统不仅仅是冷冰冰的思想结构，还与青少年的情感紧密相连。当这些价值观受到挑战时，情感反应通常是强烈的，可能导致激烈的行为表现。这种情绪的激发通常是青少年自我探索和个人建设过程中的一个催化剂，引导他们更快地进行自我身份的探索。

情绪在青少年的叛逆行为中不应被视为副作用，而应被看作是自我表达和自我寻求的一种途径。适当的情绪调节策略和情感表达的渠道对于他们的心理健康至关重要。青少年需要学会如何有效地管理和转化他们的情绪，不能让情绪无节制地驱动行为。

04 价值观冲突与叛逆行为的双面性

价值观与信念系统在青少年叛逆行为中的具体角色是多层面的。

一方面，这些信念可能鼓励青少年反对某些他们认为不公正或过时的规则和观念。例如，青少年可能会挑战限制其表达自我的校服规定，因为他们认为个性和自我表达的权利比遵守统一的着装标准更为重要。这样的信念驱动下的叛逆不仅是青少年试图验证自己价值观的方法，也是他们争取个人权利和自主性的表现。

另一方面，认知过程中的偏差和误解可能导致青少年对抗挑战的方式不够成熟或不切实际，有时甚至可能与他们的真实信念和价值观相悖。由于青少年仍在发展自己的批判性思维和判断力，他们可能会因为对某个问题的错误理解而采取激进的反抗态度。例如，他们可能会因为误信某些极端的网络信息而对学校的某项决策产生过度的反应，即使这项决策的本意是为了学生的利益。

在这两种情况下，价值观和信念体系的矛盾都可能导致青少年表现出某些叛逆行为，这些行为其实可能是对自我认同探索的一种表达，而不仅仅是简单的抗议或反抗。想要促进青少年的健康发展，关键不在于压制叛逆行为，而在于理解这些行为背后的价值观和信念，以及他们如何影响青少年的心理和社会适应性。

三、批判性思维的缺失与盲目行为

批判性思维是指在面对问题时，独立思考、分析证据、评估论点并做出理性判断的能力。在青少年的成长过程中，批判性思维的缺失可能导致一系列认知偏差和盲目的行为。以下是几个关键要点。

01 易受他人影响

青少年正处在个性形成和寻求自我认同的关键时期。这一时期，他们往往追求与众不同，却又强烈希望得到同伴的认可。在这种矛盾的心理驱动下，缺乏批判性思维的青少年极易被周围人的观点和行为所影响。同伴压力是对青少年影响特别显著的因素。同龄人之间共有的语言、兴趣乃至行为举止往往会无形中施加巨大的压力，使得青少年为了融入集体而违背自己的判断，甚至参与风险行为，如激进的挑战游戏，或是为了显示自己的独立而早早尝试成年人的生活方式。

在媒体呈现方面，随着网络社交媒体的普及，在线平台上的意见领袖和流量明星往往会成为青少年模仿的对象。他们可能会不加判断地接受这些公众人物的观点和价值观，从而模仿其不适合自己的行为。这种盲目崇拜可能导致青少年过度迷恋虚拟形象，丢失自我判断的能力。

02 决策的冲动性

当缺乏批判性思维时，青少年在面对抉择时可能会过度依赖内在情绪的驱动，忽视逻辑判断和理智分析的方式。冲动性决策往往源自即时的情绪反应，这些反应可能是由直觉、恐惧、愤怒或是短暂的满足感触发的。青少年大脑的前额叶皮质，即负责控制冲动行为的区域，仍处于发展阶段，这使得他们更容易在没有充分思考后果的情况下，做出鲁莽的决策。

冲动性的决策在青少年群体中会引发各种问题，如在冲突中过激反应，滥用药物，甚至介入违法活动。缺乏深思熟虑的行为可能带来严重的社会、学习和法律后果，影响青少年未来的人生道路。

03 对信息的片面审视

批判性思维让个体有能力从多角度分析和评估所接收的信息，从而建立全面而平衡的视野。然而，当青少年缺乏这一能力时，他们在认知过程中极易受到确认偏误的影响，即只采纳那些支持他们已有观点的信息，而忽视或有意回避与其观点相反的证据。这种片面的信息处理方式导致他们的世界观趋向单一化，易于形成极端的态度或偏见。

例如，在社交网络上，青少年可能倾向于关注那些观点与自己相符合的人或团体，进而形成一种回音室效应，其中相似的声音被不断放大，而不同的声音则被排斥。随着时间的推移，这种环境会强化他们对特定观点的信仰，缺乏对自己观念的挑战与审视，从而不利于形成一种包容和谅解的社会氛围。

04 对权威的无条件接受

未经批判性思维锻炼的青少年往往容易接受权威人物的命令或观点，哪怕这些指令或观念可能存在问题。在他们的世界里，教师、父母、名人或政治领袖的话语常常具有决定性的权重。由于对权威的盲目信赖，青少年可能会在没有独立验证信息的情况下，采取行动或建立信念。这种依赖权威的趋向会限制他们的自主思考能力，有时会导致他们追随不当的偶像，甚至参与到不合理或有害的活动中。

第二节 情绪调节与压力应对的能力不足

一、情绪识别与表达的困难

在日常生活和发展过程中,青少年面临各种挑战和压力,情绪管理成为关键能力之一。然而,情绪识别与表达的困难是许多青少年常见的问题,会影响他们应对压力和调节自身情绪的能力。而情绪调节与压力应对的能力的缺失,会导致青少年在面对压力和挑战时,无法有效地识别和处理自身的情绪反应,进而影响他们的心理健康和社会适应能力。

01 情绪识别的模糊性

青春期是一个充满变化与挑战的时期,青少年的情感体验尤其丰富且复杂,从并发的生理变化到心理趋向成熟,这个阶段所有的交互关系似乎都更加剧烈和敏感。生理发育带来激素水平的波动,这也会混淆情感的界限,使得青少年难以理解内心正经历着什么。在这些转变的冲击下,情绪如同迷宫中的小路,既曲折又难辨认。有时候情感很强烈,但可能因青少年未全面发展的语言和自我反省能力而难以准确表述。

更具体地说,未成熟的大脑发育使得青少年可能难以区分情绪的细微差别,例如他们可能将紧张错误地描述为恐慌,或将不安当作愤怒。这不仅使得他们难以向他人准确传达内心经历,也可能因对情绪的误解而采取不恰当的应对行为。如果无法识别自己的情绪状态,青少年就可能难以找到适合自己的情绪调节方法或寻求相应的支持。

02 社会化角色的限制

在青少年成长的社会环境中，文化期望和性别角色标准对情绪表达的自然流露产生了约束。男性青少年常被社会鼓励遵从"男儿有泪不轻弹"的观念，这种观念使得他们倾向于抑制情绪，特别是那些被认为显示弱点的情绪。这种压制行为可能会阻碍他们健康地表述自己的内心世界，埋藏对自我情绪的探索和理解。于是积压在心里的情绪可能会以不适当的方式突破压力，如爆发性的愤怒、暴力行为或对外界的强硬态度。

相对地，女性青少年在成长过程中也承受着社会化角色的框架限制。社会往往期望她们表现出温柔、悲伤或有同理心等性格特质，这些期望可能缩减了她们表达其他情绪的空间，如权威性或决断力。这无疑限制了她们全面发展个人能力及多元性格特质的可能性，尤其是在她们急需主张自己的权益时，可能会由于这种强加的情绪表达方式而受限。

03 感知到的负面评价

青少年由于冲动和好奇，常常会有不符合社会规范的言行表现。这个阶段的青少年对他人的看法十分在意，特别是在意自己在同伴群体中的形象和地位。他们害怕自己在他人眼中的形象因情绪表露而被诟病，担忧因表现出非典型的情绪如过分的害怕或悲伤而被视为脆弱或不成熟，担心被同龄人嘲笑或边缘化。这种对他人看法的过分敏感，往往使他们选择在情感面前戴上面具，封锁真正的自我。

一部分青少年可能会采取一种过度强硬的姿态，表现出"根本不在乎"的态度，来掩饰内心的不安和焦虑。然而，这种自我保护的机制实际上养成了不健康的情绪处理模式。第一，这可能会导致情绪的积累和紧张的增加，在未来的某个时刻爆发出来，以不可控的行为出现。第二，抑制情绪的习惯可能对青少年的身心健康产生长期负面影响，如慢性压力、焦虑症甚至抑郁。

由于担心受到负面评价，许多青少年开始内化这些担忧，导致自尊心和自信心的下降。他们不仅开始怀疑自己的情绪表达是否合理，甚至开始质疑自己的价值和能力。长期来看，这种持续的内在冲突会严重阻碍他们的个人发展和情绪成熟。

04 表达技巧的缺乏

即便是情绪识别有所提高的青少年，如果缺乏相应的表达技巧，也会面临情绪沟通的困境。他们可能知道自己感到不安或愤怒，但却不知道如何有效地与他人分享这些情感体验。

青少年可能会采用一些非言语的、肢体的或情感的象征性行为，如摔门、肢体冲突、翻白眼等，试图传达自己的情绪状态，但这样的方式往往缺乏明确解释，不能准确表达情绪的细微差别和深层需求。这种表达的含糊性和不成熟性，很可能导致被误解或被忽视。

更严重的是，他们可能会选择把情绪完全隐藏起来，不愿意或不知道如何开口谈论。这种隐藏情绪的倾向，虽然暂时避免了可能的冲突或不适，却在长期生活中阻碍了他们在良性互动中解决问题和获得支持的能力。

缺乏有效的情绪表达手段，不仅让他们在面对困境时无法得到有效的帮助，也影响了他们社交关系的建立和维持。而良好的社交关系在青少年的成长和心理健康中扮演着至关重要的角色。因此，青少年的情感表达，不仅关乎个体的内心世界如何被理解和接纳，还关乎与周围世界建立联系和互动的质量。

二、应激情境下的情绪反应机制

情绪反应是人体对环境变化的自我保护机制，但青少年常常因为不成熟的情绪调节能力而走向极端，因此，在面对压力和挑战时，情绪调节与压力应对的能力对青少年来说尤为重要。然而，青少年在应激情境下的情绪反应机制往往不够成熟，这会导致一系列问题。

01 过度反应

青少年时期的大脑还在继续发育，尤其是和情绪管理紧密相关的前额叶。前额叶负责决策制订、控制冲动行为和情绪调节等复杂任务，但在青少年时期它尚未完全成熟。因此，当面临挑战或压力时，青少年的情绪反应往往更为直接和强烈。他们的大脑情绪中枢，尤其是负责感知情绪反应的杏仁核，对外界刺激异常敏感。

这种生理上的敏感加上生活经验的不足，使青少年倾向于对压力事件做出过度反应。这可能表现为微小的挫折也能引发极强的愤怒爆发，或是感到一丝压力就变得极端焦虑。这些情绪反应的强烈度往往远远超过了事情本身的严重程度。例如，一次普通的考试失败可能会在青少年心中激发出巨大的绝望感或是无比的焦虑，仿佛世界即将崩塌，而一个小小的社交尴尬，也可能演化为对社交活动的长期恐惧。

02 情绪爆发

在应对压力的过程中，由于缺乏成熟的情绪调节机制，青少年很容易出现情绪爆发。这些爆发可能以多种形式表现出来，如愤怒、哭泣或选择逃避。青少年可能面对升学的压力，会突然对家人大吼大叫，抑或是因为一次友谊的裂痕而痛哭流涕。当他们遇到难以处理的情绪时，这种情绪通常会通过一种极端的方式向外爆发，这也是一种寻求他人关注的方式。

这些情绪爆发不仅会对青少年自身造成心理伤害，使其感到后悔或自责，而且会对周围的人造成冲击。家庭成员可能会因此感到忧虑，他们与青少年之间的关系也可能被破坏。在学校，情绪的爆发会影响班级的学习环境和青少年的社交生活。同伴可能对这种激烈的情绪反应感到不解或害怕，从而疏远这个青少年，影响他的人际关系网络。

03 抑郁倾向

在应激情境下缺乏适当的情绪调节机制，青少年有时候会表现出抑郁倾向。面对不断的压力与挑战，若没有得到适时的帮助和支持，这些负面的情绪可能会渐渐堆积。青少年可能会陷入一种无法摆脱的消极思维模式，长期处于悲观、失望和绝望的情绪状态中。这种情绪低落不仅影响了他们的日常生活能力，还可能对人际交往、学习成绩和自我形象产生负面影响。

抑郁倾向可能会导致青少年出现兴趣缺乏、持续疲劳、睡眠困难或饮食变化等抑郁症状。在严重的情况下，抑郁倾向可能会发展成抑郁症，这是一种严重的心理健康问题，需要专业的治疗和干预。在这一点上，学校和家长的角色至关重要，他们需要密切关注青少年的情绪状态和行为模式，以便在问题初期及时介入。

青少年时期的抑郁趋势不是简单的情绪问题，而是一个复杂的生物心理社会问题。生物因素包括脑发育和激素变化，心理因素包括自尊、自我效能感、应对技能等，社会因素包括家庭、学校和同伴关系。这些因素相互交织，互为因果，在应对压力时，青少年需要获得积极的策略和适当的支持才能健康成长。

小吴，一名15岁的初二学生，生长在一个普通家庭，父亲是语文老师。她有一个3岁的弟弟，家中还有奶奶帮忙照顾。自3岁进幼儿园以来，她就常遭遇老师的体罚，这种经历延续到小学四五年级。由于不公正的待遇，她母亲甚至为此事向教育局提起过申诉，这使得虐待行为停止。但是，教师对其他学生的体罚仍让她胆战心惊。

进入青春期后，小吴的生活似乎更加复杂。她与父母的关系十分紧张，目睹了父母之间的争吵和不尊重，这让她倍感压力。三个月前，她表现出了焦虑和抑郁的症状。在经过内科医生的建议后，她到心理科就诊，并服用了一段时间的药物。

同时，小吴的感情世界也遭遇了波折。她与一位在快餐店工作的男孩有过深厚的感情羁绊，但遭遇了分手的打击，随之而来的失落情绪给她的生活带来了巨大的影响。

面对女儿的心理健康问题，小吴的父母曾在2021年7月带她入住了两周的精神病院。此举是出于母亲对女儿康复的期望，其间，父母开始共同学习心理学课程，以深入理解小吴的处境，并尝试改善家庭关系。

在四个疗程的咨询后，小吴的状况有所改善。她重新回到学校，继续她的学业。然而，尽管不再怕老师，她仍面临如何与同学正常交流的困扰。小吴来求助的目标明确——希望能像以前一样与同学自然交流，重获校园生活的乐趣。

经过持续的心理咨询，小吴正在努力克服自身的困难，逐步恢复交流的自信。她的历程体现了青少年在成长过程中可能遇到的心理挑战，以及积极专业干预对于他们恢复正常生活的重要性。

04 逃避行为

在应激情境下，青少年可能会采取逃避行为来暂时摆脱压力。这可能包括沉迷于电子产品和网络社交，过度投入游戏世界，或者逃课、翘课来避免面对家庭和学校的责任。这些行为看似是缓解压力的办法，事实上却是在避免直接解决问题。虽然短期内可能感到轻松，换取暂时的平静，但长期来看，并不能从根本上解决压力源。

逃避行为的后果是多方面的，它可能导致学业成绩下滑、家庭冲突增加、人际关系变得更加紧张，并且还会加重个人内心的罪恶感和自责感。一旦逃避成为应对挑战的默认模式，青少年可能会逐渐失去面对困难和挑战的能力，并且错过学习面对现实挑战的重要技能以及培养坚韧性格的机会。

值得注意的是，逃避行为并非总是意识层面的选择，很多时候青少年并没有意识到自己已经陷入了逃避的循环。社会和家长需要提供一个充满支持和理解的环境，帮助青少年识别和正视他们的逃避行为，提供积极健康的解决方案，并协助他们学习如何面对和处理生活的各种压力。

三、情绪调节策略的建构与应用

在青春期，情绪调节及压力应对的能力对个体发展尤为关键。然而，青少年往往在建构与应用情绪调节策略上遇到挑战，如认知评估能力的不足、自我调节技能的欠缺、战略性思维的缺失、社会支持网络的缺乏等。为此，家长、教师、心理咨询师应当合力帮助青少年建构和应用情绪调节策略。

01 家长：给予指导与支持

（1）建立安全的情感基础

家长应该为青少年提供稳固的情感支持系统，这是青少年健康发展的基石。一个充满爱、接受和理解的环境能让青少年安全地展示真实的自我，无论是快乐、愤怒还是悲伤的情绪。在这样的环境中，青少年更愿意探索和表露自己的情绪，并从中学习。家长需要做的，不仅仅是提供物质上的庇护，更重要的是提供情感上的庇护，让孩子知道无论发生什么，家都是他们最安全的避风港。

（2）身教重于言传

家长自身的行为展示可以给青少年提供情绪管理的模板。例如，在感到压力或失望的时刻，家长可以示范怎样通过冷静思考、深呼吸或者积极对话来应对挑战。这有助于青少年学习到，即便在困难时刻，情绪反应也可以通过一系列的积极策略来得到缓解。通过观察和模仿，孩子会学到如何在自己的生活中运用这些策略，并将其内化成为自己处理问题的方式。

（3）开放的沟通渠道

家长应鼓励青少年分享他们的想法和感受，并始终提供一个开放的、非评判性的倾听空间。当孩子讲述自己的困扰时，家长的任务是通过倾听和共情来给予支持，而非立即提供解决方案。这样的互动能加强青少年识别和表达情绪的能力，也能让他们感受到自己的情绪被理解和重视。倾听不仅是为了理解孩子的言语，还包括对孩子行为背后的情绪和需要的理解。

（4）共同解决问题

在遇到情感困扰时，家长可以与青少年携手找出导致情绪困扰的根源，并一起探讨各种可能的解决方法。通过这样的合作，青少年不仅能学到解决问题的技能，还能理解在遇到挑战时求助是件正常且有助益的事。例如，若孩子在与朋友的关系中遇到挑战，家长可以和孩子一起讨论如何通过沟通和协商来解决矛盾，并支持他们将讨论的结果付诸实践。

下面是高二学生小伟的咨询案例。

摘要

面对青少年时期的叛逆和迷茫，家长们往往感到无助和焦虑。本案例记录了一个家庭如何通过专业的心理咨询来应对他们的高二孩子小伟的行为改变。经营烟酒店的父母忍受着沟通瓶颈，看着曾经听话的孩子变得封闭和叛逆。他们对小伟寄予厚望，希望他能通过教育获得更好的未来，不必重蹈他们的覆辙。然而，这似乎适得其反，小伟表现出心情烦躁和自暴自弃的状态，影响到了他的学习和睡眠。

个案基本情况

来访的高二男孩小伟，生活在其父母经营的烟酒店中，有一个正在上大学的姐姐。他的变化让父母感到担忧：孩子不再像过去那样听话，不愿学习且睡眠不佳。家长发现，与孩子的沟通变得困难，小伟会无预警地挂断电话，已经一年多不愿与他们深入交谈。

孩子感到了父母的压力和期许。尽管选择高中时他们没有征求他的意见，但他们一直期望小伟好好学习以获得更好的未来。小伟在学校谈恋爱，但对方因打架事件被开除，这起事件令家长再度担忧孩子会受不良影响，学坏或违反学校纪律。

经历与心理状态

小伟现处于青春期的迷茫中，觉得生活毫无意义。他受父亲的严厉管教影响很深，父亲的高期望给他带来了巨大压力。学校里的人际关系也让他困扰，分手后的无奈和愤怒让他对未来感到失望。他感到生活的所有方面都被父母控制，这种控制引发的内心压抑使他不想做任何事，甚至学习也成了负担。

咨询过程

在咨询过程中，咨询师通过访谈和专业治疗手法帮助小伟表达情绪，理解和释放压力。小伟的父母也参与了咨询，他们开始了解到孩子需要更多的支持和理解。最终，通过咨询的帮助，小伟认识到了自己情绪的根源，并开始学习如何处理内心的冲突和压力。

本案例凸显了家庭在青少年心理发展中的作用，以及专业心理咨询对帮助青少年走出心理困境的重要性。小伟的故事是众多青少年共同经历的片段，是家庭、学校和社会共同努力支持青少年健康成长的一个缩影。

02 教师：塑造和培养情绪智力

（1）情绪智力教育

在学校课程中加入情绪智力的教育是至关重要的。教师可以通过专门的课程强调情绪智力的四个核心能力：自我认识、他人认识、情绪表达和情绪管理。教师还可以通过组织一些特定的活动，如情绪日记、讨论小组和情绪教育游戏，帮助学生更好地理解自己和他人的情绪，并学会适当地表达和管理这些情绪。

（2）创造支持性的学习环境

教师应致力于创造一个培养积极情绪体验的学习环境，其中学生能够感到被听见和理解。在这样的学习环境中，学生应被鼓励分享个人的思想和感受，并知道他们不会因此受到批评或负面评价。例如，教师可以引导学生分享他们对课程内容的反应，或者在课堂上讨论他们在学校生活中遇到的情感困难。

（3）情绪调节的技能训练

教师可以结合常规教学，穿插情绪调节技能的训练。通过示范和练习诸如深呼吸、正念冥想、放松和积极思维的技巧，教师可以帮助学生在日常学习和生活中更好地控制和调节自己的情绪。这样的实践不仅可以帮助学生在学校中保持情绪稳定，也能在其他人际互动和日常遇到的挑战中发挥作用。

（4）角色扮演和情景模拟

在一个充满互动和乐趣的学习环境中，角色扮演和情景模拟是学习情绪调节的有效方法。学生可以通过扮演不同角色来练习在多样化情境下的情绪反应和控制技巧。例如，教师可以设定一个假想的困境，并引导学生一步步通过角色扮演讨论并解决问题。这种互动方式不仅可以加深学生对各种情绪调节策略的了解，还能加强他们在真实世界中应用这些技能的能力。

03 心理咨询师：提供专业指导与治疗

（1）提供个性化支持

心理咨询师通常能提供一个中立但援助性的环境，让青少年能够开放地谈论他们的情绪和心理困扰。通过第三方的视角，心理咨询师能够帮助他们自觉地理解各种情绪体验背后的原因，以及如何适当地应对这些情绪。同时，心理咨询师能为青少年提供个性化指导，帮助他们根据自己的独特需要和经历，开发和练习有效的情绪调节策略。

（2）情绪管理技巧培训

心理咨询师可以直接教授青少年一系列情绪管理的实用技巧。例如，如何利用深呼吸、肌肉放松、正念冥想来降低紧张情绪，以及如何通过积极的自我对话和认知重塑来提升情绪状态。这样的技能不仅有助于当下的情感调节，也为长期的情绪健康管理打下基础。

（3）认知行为疗法

心理咨询师可以采用认知行为疗法（CBT）或其他类似的治疗方式，帮助青少年识别他们的负面思维模式，并教授他们如何改变这些模式以改善情绪。认知行为疗法侧重于认识负面想法与情绪和行为之间的联系，并学习如何通过调整思维习惯来影响情感体验和行为选择。

（4）家庭治疗

当青少年的情绪问题与家庭动态紧密相关时，心理咨询师可能会建议进行家庭治疗。在家庭治疗中，心理咨询师可以协助家庭成员之间的沟通，帮助家长理解孩子的情绪需求，并向家长提供支持孩子情绪调节的策略和方法。此外，通过家庭治疗，心理咨询师也能帮助家庭成员识别和改善可能影响青少年情绪的家庭互动模式。

第三节 冲动控制与决策制定的缺陷

一、前额叶发育与冲动控制的关系

青少年期是大脑前额叶区域发展的关键时期，这一发展过程对冲动控制能力有着直接影响。

01 前额叶的功能缺陷

青少年时期前额叶的功能尚未完全成熟，这会直接影响到他们的自我控制和执行功能。前额叶是大脑皮质的一部分，负责复杂的行为和决策过程，包括评估选择、规划未来行动、解决问题和抑制不当行为。在青少年时期，此区域还在持续发育，其神经回路和连接的成熟化过程可能持续到20岁甚至更晚。

由于前额叶尚未发育成熟，青少年往往在控制冲动、规划行为和决策上遇到挑战。比如，在需要长期规划和延迟满足感的任务中，他们可能会做出更多短视的选择。在情绪高涨的情况下，他们的大脑可能难以快速平衡理智和情绪的驱动，从而导致冲动行为，产生未经深思熟虑的行动或是言语。这个发育阶段还会影响他们对风险的评估和处理压力的能力，可能使他们更倾向于冒险和寻求刺激的行为，而不是权衡利弊后做出更安全或更合理的选择。

02 冲动行为的脑机制

前额叶的一个主要功能就是调节冲动行为。这涉及一系列复杂的神经过程，这些过程帮助个体在短期满足与长期利益之间做出选择。在青少年时期，由于前额叶尚未完全发育，人们的决策进程可能偏向于立即获得回报，哪怕这种选择长远来看可能并不理想。例如，青少年可能会选择睡觉前玩视频游戏，而不是为第二天的重要考试做充分的准备。

这种倾向于追求即时满足的冲动行为，部分是因为前额叶中调节快感回应的神经系统尚未完全成熟。换句话说，青少年大脑的风险评估和冲动控制系统的发育速度落后于奖励系统。因此，在面对潜在的奖励时，如同伴接纳、新鲜有趣的体验或物质奖励，他们可能更难以抗拒诱惑，即使这可能会带来负面的后果。这也解释了为什么青少年特别容易受到同伴压力的影响，因为他们的大脑更加注重立即的社会奖励，而不是长期的好处。

在日常生活中，这可能表现为冲动购买、草率做出人际决策或容易受诱惑做出偏离目标的行为。因此，青少年时期冲动行为的脑机制对于家长、教师和心理健康专业人员在理解和指导青少年行为时至关重要。了解这些生物学基础可以帮助成年人为青少年提供更适切的支持，帮他们学会更好的自我控制和决策的技能。

03 决策过程的影响

前额叶的发育直接影响个体的决策能力，这是因为它参与了整合信息、预测结果、规划和选择行为这几个决策过程的关键步骤。在青少年时期，由于前额叶还未完全发育成熟，青少年在面临决策时可能难以执行这些复杂的认知任务。相较于成人，他们更有可能受即时情感的影响，基于直觉或即刻的欲望做出决策，而不是通过逻辑推理和前瞻性思维来考虑可能的后果。

这种发展状态可能导致青少年在需要权衡长期后果的决策中显得不够理性。例如，在选择投入时间学习还是去参加朋友的聚会时，他们可能优先考虑短期的乐趣而不是学术成就或未来职业发展这样的长远目标。冲动性决策也可能导致青少年容易受到冲动购物、不健康行为习惯或危险驾驶的诱惑。

除此之外，青少年可能在复杂的决策情境中显得特别犹豫不决，如在压力大的考试中选择题目的答案时，因为他们缺乏有效的策略去评估和组织信息，从而容易焦虑和恐慌。不成熟的前额叶可能导致青少年难以从错误中学习经验教训，因为他们难以分析出前一决策的失败原因和未来的应对策略。

04 社会行为与风险评估

社交互动中的决策过程在青少年时期具有特别的复杂性，因为这个阶段的他们开始探索独立的社会身份并更多地与同龄人相互交流。前额叶在处理社交信息和评估社交行为的风险方面起着至关重要的作用。当这一部分大脑发育不足时，青少年在社交情境中的风险评估可能偏向于冲动性，他们可能会过于注重即刻获得同伴的接受和赞许，而不是仔细考量社交行为可能带来的长期后果。

例如，在面对是否尝试非法药物或参与危险活动的决策时，未发育成熟的前额叶可能使他们难以抵抗同伴的压力和诱惑，因为这些行为可能立即带来他们所渴望的社会地位和认可。同样，他们可能会在社交媒体上冲动发布个人信息，而未能充分考虑到这对他们的声誉和未来机会可能产生的负面影响。

此外，青少年的前额叶发展还会影响他们对社交互动规范的准确解读和应对，如识别他人的情绪线索或适应复杂的人际关系动态等。由于青少年的该能力尚在发展之中，他们在处理社交冲突和理解他人思考角度时可能表现得笨拙或不成熟，这会导致不必要的误解和紧张。

二、风险评估失败与不良后果

由于大脑的发育特点，青少年尤其是在风险评估方面可能遇到明显的挑战，这会直接导致一系列不良后果。因此，在理解青少年行为和提供适当的指导时，认识到风险评估失败的根源及其可能导致的负面后果是十分重要的。

01 认知评估能力不足

认知能力的发展在青少年时期仍然处于过渡阶段，这一时期的大脑既未完全具备成熟的逻辑推理能力，也缺乏对风险的敏感判断力。相较于成年人，青少年往往对正面结果抱有过度乐观的期望，而无视或轻视潜在的负面风险。这种认知上的乐观偏差让青少年更容易踏入可能有害的领域，如超速驾驶、不安全的性行为、草率的金钱决策等，这使得他们在诸多领域中都有做出高风险行为的倾向。

这种过度乐观的态度也影响青少年对自我能力的估计。他们可能高估自己应对危险情况的能力或轻视行为后果的严重性，误以为自己能够轻松应对或避免潜在的负面结果。原因在于他们的前额叶，即控制风险评估和抑制的大脑区域，尚未发育完全，因此他们在估算潜在威胁时往往不够准确。这导致了一种不合逻辑的自信，从而增加了他们陷入危险或做出不当行为的概率。

02 经验欠缺影响判断

除了认知发展的局限性，青少年的决策能力还受他们有限的生活经验的限制。由于缺乏对各种不同情景、环境和后果进行比较的经历，青少年在面对复杂的决策时往往无所适从，做出选择时无法有效地利用历史经验作为参考。这种经验上的短缺限制了他们的情境评估能力，导致他们很难判断何时应该小心行事，何时可以冒一定的险。

青少年在评估风险时经常重视个人的遭遇而忽视统计数据或他人教训，这种基于个人化经验而非平衡评估的倾向，使得他们在靠直觉做决策时更加偏颇。此外，由于青少年往往处于探索和自我发现的阶段，他们可能更愿意尝试新事物并寻找刺激，这也加重了他们在决策时忽视风险的趋势。

03 同伴影响与社会认同

青少年在成长的过程中非常看重同龄人的观点和接纳，他们往往将同伴认同看作是身份地位和自我价值的重要标志。这种对于社会认同的渴望导致了他们在同龄人群体中极易受到影响，这不仅包括日常的兴趣和行为习惯，还涉及决策过程中的风险评估。在同伴的影响下，青少年可能会选择那些利于短期认可和接纳的行为，即使这些行为伴随着长期的或严重的后果。

例如，一个青少年可能因为想要获得某一社交团体的认可而开始吸烟、打架。虽然他们可能在某种程度上意识到这些行为的潜在风险，但是为了满足立即的需求或归属感，他们可能会有意地忽略或降低这些风险的重要性。这种情况下，他们的决策主要是基于情绪和社会动机，而不是理性的分析和个人安全的考量。

此外，同伴的态度和行为往往会在青少年中创建一种"正常化"的感觉：既然其他人都在做，那么这种行为就似乎不那么危险或不妥了。这种集体的态度会减弱个体对风险的认知，使得青少年产生一种错误的安全感，并因此更加倾向于参与风险行为。

04 长期后果的忽略

青少年在决策过程中，对长期后果的估量往往是不足的，这在一定程度上是由于他们大脑前额叶的发育程度。此时期的前额叶正在形成与长远规划及未来思维相关的神经通路。因此，面对需要考虑长期影响的选择时，青少年更可能专注于直接和立即的回报，而不是那些可能会在未来出现的后果。

这种倾向造成了青少年的健康、教育、社交关系以及职业发展等方面的潜在风险。例如，在健康方面，青少年可能会因为忽视不良饮食习惯和缺乏运动带来的长期慢性病风险，而选择快餐和沉迷于电子设备。在教育领域，他们可能因为过于关注即时的享乐而忽视学习，并因此耽误了学业进度或丢失了学习机会。在人际关系上，他们可能无视长期维护关系的重要性，而做出一些破坏社交关系的行为。

忽略长期后果的趋势还可能在他们的职业抉择上体现出来，如对未来职业路径缺乏计划，或者是没有意识到某一职业所需的技能和准备工作。这种决策模式不仅对青少年当前的生活质量构成威胁，而且可能对他们的长期福祉产生不利影响，限制他们作为成年人的潜力和机会。因此，帮助青少年提高对潜在后果的认知，并教育他们如何在决策中充分考虑长远影响，对于他们的成功成长至关重要。

第四节 社交技能与关系的建立和维护

一、社交焦虑与叛逆行为

青少年在社交技能的培养及社交关系的建立和维护方面可能会遇到挑战，社交焦虑和叛逆行为是这个时期的两个关键问题。

01 社交焦虑的普遍性

在青少年的世界里，与同伴的互动是他们日常生活中的一个重要部分。然而，对于许多青少年来说，这种互动也会带来压力与焦虑，特别是在他们正努力在周围世界中建立自我认同的关键时期。社交焦虑在青少年群体中非常普遍，涵盖了对被评判、拒绝或羞辱的强烈恐惧。这种焦虑可以表现为在社交情境中的紧张、害怕与他人交谈，或在众人面前发言的恐惧。

这样的焦虑不安不仅限于新的或陌生的社交场合，也可能在熟悉的环境中出现，如学校或家庭聚会。青少年可能会感到无法与他人建立联系，担心自己的言行会受到批评。这种持续的紧张感可能使得他们退缩，选择回避，而非积极参与社交活动，这种行为又会进一步限制他们的社交能力和友谊的发展。例如，青少年可能会逃避参加聚会，或在群体活动中选择角落里的座位，避免成为众人注意的焦点。

更严重的情况下，社交焦虑可能导致恐惧症或其他更持久的心理健康问题。疏远感和孤立感可能会随之而来，进一步影响青少年的整体幸福感和生活质量。此外，他们可能会错过重要的学习机会和经历，这些都是通过社交互动获得的，比如团队协作、冲突解决和同情心的培养。

下面是一个有社交障碍的13岁男孩的咨询过程。

摘要

一名13岁六年级男生不去上学，由父母带过来咨询。来访者心理年龄偏小，表达能力较差，存在社交障碍。在心理咨询中通过访谈、沙盘和催眠相结合，鼓励其表达自己的需求和想法，并通过引导帮助来访者提升自己处理事情的能力，提升自己的人际交往能力，从而适应学校生活。

个案基本情况

13岁男孩，六年级学生，爸爸常年在外地工作，平时跟着妈妈；有一个姐姐上高一；家中奶奶去世，爷爷跟着一起生活；身高低于普通水平；不爱说话，自己有求助动机。

评估与分析

通过观察和访谈评估，来访者是一般心理问题，主要表现为心理年龄偏小，表达能力差，不能很好地表达自己的情绪和需要，对父母过分依赖，不能很好地融入集体生活。通过访谈发现来访者的这些情况与成长经历和父母的教育方式有关，父母在生活上对其照顾得非常周到，在精神领域进行掌控，来访者不知道如何去处理自己的事情，一味地听从父母，又感觉父母的掌控让其窒息，所以不会去表达，也不会去处理事情，从而产生退缩行为。

目标与计划

目标设置为帮助来访者提升表达能力和人际交往能力，改善人际关系，使其能够处理自己的事情，参与到集体活动中。

咨询过程

男孩由爸爸妈妈陪同来到咨询室，其父母在两年前加上咨询师的微信，但两年没有联系，两年后主动联系咨询师，想带孩子过来咨询，表明孩子不进学校，已经有一个多月没有去上学。

咨询师第一次见到这个来访者时，发现其躲在父母身后不敢露头，双手紧紧地纠缠在一起，抠手指，不说话，眼睛看向地面不敢抬头，表现得很紧张。

来访者没有主诉，咨询师询问什么就回答什么，其他的一句话都不说。

第一次咨询填表，了解基本情况，孩子表达能力很差，填表时很多基本信息的填写也不清晰，咨询师和来访者沟通时，发现他生活中的很多事情是由父母代办的。本次咨询采用了沙盘疗法。

第二次咨询过程中，来访者主动要求摆沙盘，来访者观察了沙盘五六分钟之后，迟迟没有行动，咨询师询问是否需要帮助，来访者表示自己不知道该摆什么，有一点点紧张。咨询师和来访者探讨紧张的来源。来访者表示自己做事情时，如果父母或老师在旁边盯着，自己就会局促不安。最后咨询师给来访者做了催眠放松，缓解来访者的紧张情绪。

第三次咨询时，咨询师做了家庭治疗。来访者不愿表达，但是愿意和妈妈一起摆沙盘。在整个沙盘摆放过程当中，妈妈和孩子全程无眼神交流，摆放的沙盘沙具也是毫无交集，仿佛在两个不同的世界里。这次主要和妈妈进行了沟通。

第四次咨询时，来访者已经顺利回到学校，来访者的父母很高兴，来访者表达自己想继续摆沙盘。咨询师和来访者通过聊沙盘，让来访者明白自己有需求时应该如何去表达。咨询师和来访者的父母沟通，表明要鼓励孩子去表达需求，要鼓励孩子自己的事情自己做。

第五次咨询时，来访者同样表达要摆沙盘，并且表达了自己现在非常喜欢去学校，因为知道了如何和朋友们相处，这次咨询过程中，来访者摆了两个沙盘。来访者这次有了非常清晰的表达，这两个沙盘，一个是自己想要去的地方，一个是自己想要过的生活。

在第六次咨询时，来访者已经能很清晰地表达自己在学校的生活情况，且表示自己在学校里过得非常愉快。本次给来访者做了催眠放松，加入了自信心的暗示。

经过六次咨询之后，咨询有了显著效果。

（1）来访者顺利回到学校，并能很好地融入集体生活。

（2）来访者慢慢学会表达自己的需要，学会和同学们如何相处。

（3）来访者在行为上能更多地做到自己照顾自己的生活，慢慢地建立起自信心。

02 影响自我形象的认知

青少年时期，个体的自我形象开始变得更加中心化，更加重要，对自我认知的不确定性与对他人看法的敏感性常常并存。社交焦虑深深植根于对自身能力或外表的不确定感之中。在这一时期，青少年可能对自己的体形、智力、社交技能或其他个人特征感到不满意，这种不满意的情绪很容易转化为深刻的担忧，特别是在他们认为这些特征会受到他人评价时。

这种关于自我形象的焦虑常导致青少年过分担忧他人可能的负面评价，即使这种评价是想象中的，也能造成实实在在的痛苦。例如，他们可能担心同伴会嘲笑他们的衣着或言行，从而限制了他们表达个性的自由。在这种状态下，青少年往往会更加关注他人的反应和评价，而不是自己的真实感受，这种外在取向的态度可能会贯穿他们的决策过程，影响他们的行为选择。

长期而言，这种对自我形象的困扰可能会削弱青少年的自尊心和自信能力，这反过来又会影响到他们在社交场合中的表现。缺乏自信的青少年可能在与他人交往时过分谨慎或退缩，不愿意分享自己的想法或参与群体活动，从而错过了培养社交技能的机会。这对他们与周围世界的纽带和为将来成年生活做准备都有着不利的影响。

03 叛逆行为的出现

对于许多经历社交焦虑的青少年来说，叛逆行为可能成为他们表达不满、发泄情绪的一种途径。叛逆通常被认为是青少年试图从父母的直接影响下脱离出来，寻找个人认同感的正常过程的一部分。然而，叛逆行为也可能是更深层次社交焦虑的外在表现。一些青少年会通过对抗权威、违反规则或者加入问题行为群体来寻求关注，用这种方式以挑战现状的姿态来获得同伴之间的认同感，甚至是为了掩饰他们在人际交往中的不安感。

例如，一个在学校感到被孤立的青少年可能会开始穿着奇装异服，与家长发生争执，甚至与父母的价值观彻底对立，以此作为积极寻求新社交圈层的标志。这种叛逆行为也可能表现为参与风险行为，如抽烟、酗酒等，因为这些行为在某些青少年群体中可能被视为勇气或成熟的象征。不幸的是，这种行为通常带来一系列负面后果，例如成绩下滑、健康问题，甚至是法律问题等。

另一方面，叛逆行为也可能是青少年对个人独立性和自主权利进行宣言的一种形式。一些青少年可能觉得需要通过违逆社会期望和规范来展示他们的个性和独立思考能力。然而，这种试图通过反抗来证明独立性的方法往往会被家庭成员和社会误解，导致青少年与其重要的支持网络之间的关系紧张和隔阂，从而加剧他们的社交焦虑。

04 社交技能不足与关系断裂

社交焦虑和叛逆行为对青少年学习必要的社交技能构成了严重威胁。社交技能，如有效沟通、同理心和冲突解决技巧等，是建立和维持健康人际关系的重要组成部分。在某些情况下，社交焦虑会导致青少年对社交场合感到害怕和不舒服，从而不愿意与人交流和互动。这种回避行为进一步剥夺了他们通过社交互动学习和练习这些技能的机会。

叛逆行为也可能对青少年的社交技能产生负面影响。他们可能因为不满、挑战权威或试图在同伴之间标榜自己的独立性，而忽视了慎重与他人沟通的重要性。这可能表现为频繁的误会、沟通障碍，甚至是对他人感受的漠视。在极端情况下，这种行为可能导致社交孤立和持续的人际关系问题。

长期的社交技能不足可能导致友情的断裂，甚至影响家庭关系。青少年可能发现自己在处理人际关系时经常感到不满或受挫。他们缺乏妥善处理人与人之间冲突的策略，这可能导致人际关系的不稳定和分裂。这些挑战不仅限于青少年时期，还可能影响他们未来的职业和感情生活，因为建立有效的沟通和维持健康人际关系的能力是生活中不可或缺的部分。

二、人际沟通技巧的缺乏与误区

青少年在开展人际交往的过程中，往往展现出人际沟通技巧的缺乏，并容易掉入一些常见的误区，这些问题可能导致交流障碍或误解，并可能影响个人的社交发展和关系维护。

01 非语言沟通的挑战

在人与人的沟通中，肢体动作、面部表情和眼神交流等非语言因素扮演着至关重要的角色，往往能比口头言语传递更多的信息。然而，青少年在这方面常常面临挑战。青少年自我意识的增强，加之社交经验的不足，使得他们很难准确解读或使用这些非言语信号。他们可能无法识别细微的肢体动作或面部微表情所包含的复杂情感，或者在交流过程中可能发出不一致的或混淆的非语言信号，诸如避免眼神接触、封闭的姿势或表情不明确，这些都可能被对方误会。

例如，当一名青少年巧妙地运用肢体语言来显示兴趣或共鸣时，另一名青少年因未能识别这些线索而响应不当，可能会错过深化友谊或进一步沟通的机会。同样，误读他人的非言语信号可能导致不必要的误会和冲突。此外，青少年可能会对自己在社交场合中的非语言行为感到不自信，进而滋生焦虑，这反过来又可能导致更明显的身体封闭或消极表情，从而形成恶性循环。

在社交媒体和在线交流日益普及的情况下，缺乏面对面交流的机会可能进一步加剧青少年在非语言沟通上的挑战。没有面部表情和语调的线索，青少年可能更难从书面或电子信息中解读情感和意图，这也可能导致对他人感受和想法的误解。

02 缺乏有效的倾听技巧

有效的倾听技巧是所有成功沟通的基石，它不仅包括听到他人所说的话，更重要的是理解和消化对方的意图和情感。遗憾的是，许多青少年在这方面存在不足。他们可能会在对话过程中心不在焉，专注于自己的想法，为了维护自己的观点而忽视了理解对方。这种对自己内心对话的过度投注，使得真正的交流变得片面。

青少年可能在聆听时过于急躁，渴望抢先表达自己的看法，从而在精神上"提前离场"。他们可能会错过对话中的关键点，或者错过对话者的情绪线索，这些都是维系对话和深化理解的重要元素。更为复杂的是，这种倾听上的不足会传递出一种信息，即他们并不在乎对方的看法，即使这并不是他们有意为之。

有效的倾听不仅仅是一种技能，也是一种尊重和关心的示意，它显示了倾听者对说话者的看法给予考虑和重视。不幸的是，缺乏有效倾听的青少年很容易落入只顾自我表达而无法与他人建立真正联系的境地。在长期的人际互动中，这种趋势可能会导致关系的脆弱性，以及无法共情和深入了解他人。因此，培养青少年的倾听技巧对于他们建立长久而健康的人际关系至关重要。

03 冲突解决技巧不足

冲突是社交互动的自然组成部分，但是青少年常常没有学会有效管理和解决冲突的方法。在经历冲突时，他们可能会显得无助，缺乏解决问题的技巧和策略，这可能表现为逃避或对抗。逃避可能意味着对冲突视而不见，避免与对方交流，而对抗则可能表现为言语攻击、防御姿态，进而引发更多的敌意。这些方法在短期内可能会减少紧张感，但长期来看往往不利于问题的真正解决，也无法修复双方的关系。

逃避或对抗冲突的青少年，可能是因为害怕直面问题的后果、担心损害自己的声誉或地位，或者是因为不愿意坦诚承认自己的错误而采取这样的态度。然而，这种策略往往会使问题发酵，未得解决的冲突可能导致痛苦和怨恨的深化。他们缺乏的可能是冲突背后的深层情绪理解、妥协的能力，以及寻找互利解决方案的创造性思考。

此外，现代社会对即时满足的渴望和短暂的注意力跨度可能进一步加剧了青少年面对冲突时的耐心缺乏。他们可能不愿意投入时间和精力去深入探讨冲突、理解对方观点或共同探索解决方案。这种冲突解决技巧的匮乏也许反映了更广泛的社会情绪，在这个情绪中，瞬间满足和快速解决被高估，而深思熟虑和持久努力则被低估。

04 表达真实感受的困难

表达真实感受是建立深度人际关系的核心要素。然而，许多青少年在这一领域遇到困难。这可能是因为他们害怕表现出脆弱的一面，担心他们的真实感受和想法会被拒绝或误解。害怕成为他人嘲讽的对象或担心靠近自己的人早晚会离开，这可能导致他们浓墨重彩地绘制自己的内心世界，在伪装和面具背后失去真实的自我。

这种害怕被拒绝或误解的感觉可能使青少年在人际交往中封闭自己，选择将感情和思维深藏心底。隐藏自己的感受可能是一种自我保护机制，但长期来看，却可能对个人的心理健康和人际关系产生破坏性影响。不愿意分享心情，意味着他们无法寻求他人的支持，也难以获得与他人连接的机会，这很可能损害青少年三五好友间的信任与亲密感。

隐藏真实的感受和观点也会阻止青少年经历人际交流的正常起伏，包括面对冲突、妥协和与他人建立深层次联系。这不仅限制了他们对感情表达的认知，也限制了他们管理复杂情绪的能力。有效表达自我是一种沟通技能，可以通过实践得到提高，但在青少年时期，这项技能的缺乏可能会在青少年的整个人生中留下阴影。

05

第五章

解决青春期叛逆的心理治疗方法

第一节　心理咨询与心理教育的应用

一、解构叛逆心理背后的动机

在心理咨询与心理教育的背景下，解构青春期叛逆心理背后的动机是理解和引导他们健康成长的重要环节。通过探索叛逆行为的根本原因，可以更有效地解决问题，帮助青少年找到更积极的自我表达方式，并促进他们的个人发展。以下是分析青少年叛逆动机的几个要点。

01 求知探索的冲动

青春期的青少年常常表现出对未知的渴求和对新事物的好奇，他们的世界观和知识体系正处于快速扩展和变化的阶段。在这个时期，许多青少年会展现出对探索未知的热情，他们试图通过各种方式去了解世界，理解生活的意义。叛逆行为，从这个角度看，可以被视为求知探索冲动的一种表现。他们可能会对现有的规则、传统的信仰或长辈的权威进行质疑，不是出于无理取闹，而是因为要通过自己的方式去探索和认识这个世界。

对社会边界的测试不仅是对个人能力的试探，也是对自我身份和角色的一种探索。破坏规则可能是他们试图了解社会对各种行为的反应的一种方式，甚至也是一种对自我能力极限的探索。在这个过程中，青少年可能会更进一步地了解自己在社会中的位置，理解并认同社会构架的意义。

02 自主独立的追求

独立性是个体发展的关键组成部分，尤其是在青春期时，随着青少年逐渐形成自己的观点、品味和兴趣，他们可能对父母或监护人的权威有所反抗，这并非简单的逆反，而是个体自主性和独立思考能力的体现。在这个阶段，青少年或许会通过叛逆行为来表现他们的独立，例如，他们可能会反对家庭的传统观念，选择自己的穿着风格，或者采取与家长截然不同的生活方式，以此来彰显自己的个性。

叛逆行为可以被理解为青少年表达自我、寻找个人身份、试图立足于世界的一种方式。他们试图通过挑战既有的规则和期望来探寻自己在社会中的角色和定位。这种独立追求并非成年人眼中的随意反抗，而更是成长中不可或缺的自我确认过程。

03 社交认同的需求

在青少年的世界里，与同龄人的共鸣和认可是极其重要的。这个阶段的青少年普遍渴望被接纳，特别是在他们所认为重要的社交群体中。因此，叛逆行为有时是对归属感和社交认同需求的一种回应。在追求同伴认可时，青少年可能会模仿那些在他们看来酷或有影响力的同伴的言行。例如，他们可能会采取特定的穿着风格、采用某些特定的俗语俚语，甚至是参与冒险活动，这些都可能是为了在同龄群体中树立自己的地位和形象。

此外，青少年在形成社交认同的过程中，可能会过度依赖外界的评价和认同，而忽视了自身的内心感受和价值观。一些叛逆行为通常是在求得外部认可的同时，内心又希望确保自己的独特性。这种行为背后隐藏的是对独立个性的追求与对群体认同渴望之间的复杂平衡。

04 情感压力的宣泄

对于许多青少年而言，叛逆不仅仅是对抗规则的一种行为，它还可能是一种应对情感压力和心理困扰的策略。生活中的各种挑战，如家庭冲突、学校压力、人际关系的困扰等，都可能积聚成为影响青少年情绪和心理健康的重负。面对这些压力，部分青少年可能选择以叛逆的方式发泄，例如，通过对家长或老师的顶撞、违反校规等行为，尝试吸引他人的注意，表达他们的沮丧和不快。

叛逆也可能是青少年试图通过表达自己的不满和愤怒，来寻找一种解脱感。他们可能没有学会更健康的情绪表达方式，或者没有合适的途径来处理内心的矛盾与困惑，因此通过叛逆行为试图让自己的声音被听到，借此获得家庭或社会的关注和援助。

小米是一位 14 岁的初二学生。她的家庭成员包括父母、一位 24 岁经历过离婚且有一个 3 岁女儿的姐姐，以及一位瘫痪的奶奶。由于家庭环境复杂，她已经半年多没有上学。

她描述家中父母关系紧张，父亲经常酒后迟归并挑起与母亲的争吵，导致她感到不安。小米试图劝解父母无果后，选择不再干预。

在咨询过程中，小米表现出一定的依恋行为，对与母亲的亲密时光表现出了极为珍视的态度。尽管她已到了青春期发育的年纪，但她担心长大后与母亲相处的时间会更少，因此她坚持夜间与母亲睡在同一张床上。这种行为可能反映了她对母爱的占有欲，以及对不安全感和嫉妒心理的生理表现。

初次咨询时，小米呈现出了身心不健康、情感冷漠和交流困难的症状。通过沙盘游戏，她逐渐开始参与交流并表达自我，尽管最初仅能以简短回应如"不知道"或"不清楚"进行表达。

经过不断的咨询，我们获得了有关家庭动态的更多信息，包括父母经常的争吵、对姐姐家庭状况的看法、与母亲同睡的坚持、对未来的期望以及对社交问题的担忧。小米表示开学后想回归学校，却不知如何与同学相处。

目前已完成三个疗程的小米比起最初有了明显的改善，脸上有了笑容，她的身体卫生状况也有了进步。然而，她的自信需要进一步的恢复，她也需要学习更好地处理人际关系的方法。计划中，我们正在通过催眠和练习加强她的自信，同时教会她如何在人际交往中进行有效的沟通和互动。

二、个案咨询的路径与原则

在心理咨询与心理教育的实践中，个案咨询作为一种专业的干预方法，为个体提供了寻求心理协助和个人成长的途径。个案咨询的有效性在于其遵循特定的原则和路径，能够确保安全的咨询环境，以及照顾到咨询者的私密性和自愿性。咨询师通过构建信任的关系，运用专业技能以及内在的同情与理解，来促进来访者自我探索和问题解决。个案咨询过程的核心原则在于尊重、同理心和保密，而其具体路径则需要咨询师的灵活性和创造力来适应来访者的独特需要。以下是个案咨询的主要路径与原则要点。

01 构建信任关系

在心理咨询中，信任的建立是治疗关系的基石。一开始，咨询师必须专注于营造一个温馨的、非评判性的环境，这个环境能使来访者感到安全，从而敞开心扉。这通常意味着需要在会谈中展现出真诚的关注，倾听并验证来访者的感受和经历。通过这种方式，来访者将感觉到他们的经历和感受是被认真对待的，从而更愿意与咨询师分享内心的想法和问题。信任的建立还需要时间，因此咨询师必须保持耐心，通过持续的、一致性的支持来增强这种信任感。信任关系一旦建立，它就可以帮助来访者更加开放地表达自己，也就更有可能从咨询过程中获得积极的变化和治疗效果。

02 确保咨询伦理

确保咨询伦理不仅是专业人员的责任体现，也是获得来访者信任和尊重的前提条件。咨询中的保密原则确保了个人隐私的安全，让来访者明白他们所分享的信息是受到保护的，不会被泄露给未经授权的第三方。咨询师的中立性意味着咨询师在处理来访者问题时通常保持客观的、不带有任何偏见的立场，会致力于理解来访者的个人经历和观点，而不是强加自己的意见。此外，咨询师还需要维护专业界限，既不过分介入来访者的私生活，也不将自己的个人问题带入咨询过程。遵循这些伦理标准能够确保来访者感到被尊重和被重视，从而有助于提升咨询的有效性和治疗结果。

03 个性化咨询策略

个案咨询的核心在于为每位来访者设计独一无二的治疗计划。这需要咨询师对来访者有深入的了解，包括个人经历、生活环境、心理动机以及他们面临的具体问题。基于这些信息，咨询师可以采取最合适的理论模型和治疗技巧来满足来访者的个别需求。比如，对于有社交恐惧的来访者，咨询师可能会采用认知行为疗法来帮助他们识别和改变负面思维模式；而对于经历了创伤的来访者，则可能需要更温和的方法来帮助他们处理情感问题。这种个性化的方法不仅可以提高治疗效果，还能让来访者感到自己的独特经历和需求得到了重视。

04 持续评估和反馈

咨询过程是动态的，需要不断地评估和适时的调整。咨询师要通过对话、观察和评估工具来监测来访者的进展，并依据评估结果进行方法上的调整。反馈对话也是这个过程的关键部分，它可以帮助来访者意识到自己的改变，同时也使他们感到自己参与了治疗过程。通过反馈，来访者可以更清晰地认识到咨询师的努力和治疗计划的有效性，而咨询师也可以根据来访者的响应来继续完善治疗策略。这种反馈机制不仅促进了咨询的透明和交流的有效性，而且支持了来访者的自主性和自我成长。

三、心理教育对青少年自我认知的重塑

在青少年的成长过程中，心理教育扮演了重要的角色，特别是在自我认知的构建和重塑上更是不可或缺。心理教育不仅提供了关于自我理解的知识和信息，而且为青少年提供了一个框架，帮助他们识别和理解他们的思想、情感和行为。通过心理教育，青少年能够更好地了解自我，认清自己的优势和局限，从而在面对挑战和决策时表现出更大的自信心和独立性。

01 强化自我意识

心理教育的一个核心目的是使青少年更加深入地了解自己的内心世界，包括他们的情感、想法和行为背后的驱动因素。通过心理教育，青少年可以开始识别他们独特的内在需要和激励力量，如对成功的追求、对归属感的需求或对创造和表达的渴望。在了解这些内在动力的基础上，青少年将能更好地理解自己在社会环境中的位置，以及如何与周围的世界相互作用。他们将学会如何将个人的价值和信念与社会标准和期望相协调。这种自我意识的加强，使他们能够在社会互动中更自信，并发现

个人价值和意义。强化自我意识还能够帮助青少年识别和利用自己的优势，同时认识到自己的局限，为未来的成长奠定基础。

02 调整错误的自我认知

青少年经常面临来自内部和外部的多种压力，这些压力可能导致他们发展出错误的自我认知。例如，他们可能会因为一个小错误而将自己视为失败者，或者因为社交媒体上的比较而感到自己不够好。心理教育可以帮助青少年识别这些不符合现实的自我认知并予以调整。通过了解认知失调的影响和学习经过现实检验的技能，青少年能够更加理性地评估自己的行为和成就，减少不必要的自我贬低和负面内化。心理教育通过提供具体策略和工作坊，比如自我对话的改变和情绪调节技能的培养，能够帮助青少年建立起一个更健康、更现实的自我形象。

03 发展自我管理技能

心理教育在发展青少年的自我管理能力方面扮演着重要的角色。它通过提供技术和工具，比如时间管理方法、情绪调节技巧和冲突解决策略，来帮助青少年更有效地管理日常生活中的压力和挑战。心理教育可以通过角色扮演、模拟情境和小组讨论等形式，使青少年在安全的环境中练习这些技能。这些技能将使他们在面对挑战、处理复杂人际关系时，能够保持冷静和克制，从而建立起自信和自尊。强化这些自我管理技能使青少年能够在未来的工作和私人生活中，变得更有韧性和适应性。

04 促进目标设定与实现

青少年期是梦想形成和个人目标设立的阶段，心理教育可以协助青少年在这个过程中取得成功。通过教授目标设定的原则，如 SMART（具体的、可衡量的、可达成的、相关的、时间限定的）原则，心理教育鼓励青少年设定具体而现实的个人目标。这些教育活动通常包括制订行动计划、跟踪进展和自我反省，旨在促进青少年对自我潜力的认识和发掘。同时，这些活动也教会他们如何克服挑战和失败，让他们明白挫折是成长的一部分。通过这些经验，青少年可以在增强自我效能感的同时，清晰地看到自己成长的轨迹，加强对未来目标实现的信心和动力。

第二节　家庭治疗及其对亲子关系的影响

一、家庭系统理论与青春期叛逆的关系

家庭治疗是一种心理治疗方法，它重视家庭整体对个体行为和心理健康的影响。家庭系统理论认为，家庭中的每个成员和家庭内的每种关系都是相互连通和相互影响的，一个人的行为是家庭相互作用的结果，同时也会反过来影响整个家庭系统。青春期叛逆行为往往与其所在家庭系统内部的动态有着密切联系。在探索叛逆行为背后的原因时，家庭系统理论提供了一套分析亲子关系和家庭互动模式的框架。通过对家庭内部结构、角色分配、交流方式以及规则和边界的研究，家庭治疗能帮助青少年和家庭成员理解和解构青少年的叛逆行为，进而促进家庭内部的和谐和青少年的个人发展。

01 家庭角色与期望的冲突

在家庭生活中，角色期望和分配很大程度上塑造了青少年的日常经历和自我认知。每个家庭成员都有特定的角色，这些角色伴随着一系列的期望和责任。例如，父母可能期望孩子在学习或体育上有卓越的表现，而青少年可能更感兴趣的是艺术和创造性活动。当这种期望与青少年的个性、兴趣或需求发生冲突时，他们通常会感到被误解或被压制，可能通过叛逆来表达不满和寻求自我表现的空间。这种叛逆行为并非无的放

矢，而是青少年在寻找和维护自我认同的过程中的一种自我保护机制。

02 沟通模式的影响

沟通模式在塑造青少年行为倾向和决定家庭氛围中发挥着重要作用。健康的沟通模式包括积极倾听、表达感受、适当提供反馈和支持，并且能够在不引起防御性反应的情况下提出与接受批评。反之，当家庭沟通模式缺乏开放性、存在批判性或忽视个人感受时，青少年可能因感到被冷落、误解或不被尊重而与家长产生隔阂，最终采取叛逆行为来吸引注意或表达不满。通过家庭治疗，家庭可以采用并练习更加健康的沟通模式，如正面沟通、无条件的关爱和肯定，从而降低青少年叛逆行为的频率，并增强家庭成员间的联系。

03 家庭边界的不适宜

家庭边界是家庭成员之间互动的无形条例，它们决定了家庭成员的相互期望和行为规范。这些边界可以是明显的，如家庭成员对私人时间和空间的共同理解；也可以是隐性的，如家庭成员对情感表达的默契。然而，边界设定得过紧会造成压抑，会限制青少年的探索和自我表达；而边界设定得过松又可能导致责任感的缺失和对权威的不重视。在这两种情况下，青少年都可能通过叛逆行为来挑战或重新划定这些边界，寻求个人自由和自主权。家庭治疗师通过协助家庭重新评估和调整家庭边界，可以帮助青少年学会在尊重他人的同时维护自我边界，从而减少叛逆。

04 家庭冲突的反映

家庭冲突是青少年叛逆行为的常见背景。这些内部冲突可能起于父母之间，父母与子女之间，甚至是家庭惯性力量之间。青少年的叛逆有时是面对未解决的、长期累积下来的家庭冲突的一种应对方式。这些冲突如果没有得到妥善解决，就可能在青少年的叛逆行为中找到发泄口。家庭治疗能够帮助家庭成员一起发现、讨论和解决长期潜在的冲突，建立解决问题的共识和策略。这不仅有助于青少年减少叛逆行为，也会增进整个家庭的和谐与愉悦。通过攻克家庭内部冲突，家庭治疗师能够引导青少年和家长了解彼此的需求和困难，学会互相支持与合作，从而在强化家庭内部联系的同时，减少冲突引起的问题行为。

二、改善家庭功能与沟通模式

家庭治疗在改善家庭功能与沟通模式方面有着非常好的效果。当家庭系统出现功能失衡或沟通障碍时，可能会导致各类家庭冲突和青少年的问题行为，包括叛逆行为。通过家庭治疗，家庭成员可以一起探索并识别那些导致功能失衡和沟通问题的根源。在专业心理咨询师的指导下，家庭成员可以学习新的互动模式和沟通技巧，这不仅有助于改善亲子关系，减少误解和冲突，还可以促进家庭成员之间的理解和支持，进而增强家庭的凝聚力和整体健康状态。

01 建立正向沟通机制

有效的沟通是家庭和谐的关键。家庭治疗通过引导家庭成员建立开放和建设性的沟通机制，帮助他们克服误解和冲突。在治疗过程中，家庭成员可以学会如何用积极的方式表达情感和需求，同时也练习耐心倾听他人的观点而不是急于反驳。治疗师可能会教授一些具体技巧，如积极倾听，来避免指责和攻击性的语言，从而减少防御性反应。这些技巧还能帮助家庭成员在发生冲突时从容应对，寻找更有建设性的解决方案。当家庭成员能够在一个支持和尊重的环境中自由地交流思想和感受时，家庭的整体沟通水平将大大提高，从而带来更深层次的理解和连接。

02 调整家庭角色和责任

在家庭系统中,角色和责任的分配通常是基于传统或默契,但随着时间推移这些分配可能不再适应家庭成员的发展和需求。家庭治疗提供了重新评估和调整家庭角色和责任的机会。在咨询师的引导下,家庭成员可以探讨各自的期望和压力点,并重新定义各自的职责,使之既符合个人的能力和需求,又对家庭整体功能有益。例如,青少年可能请求更多的自主权来做决定,而父母可能需要更多的支持来分担家务。重新分配家庭责任有助于改善每个人的工作和生活满意度,减少争执,提高团队精神,使家庭成为一个每个人都能感到被需要和被赋权的地方。

03 处理未解决的冲突

未解决的家庭冲突可能长时间潜伏起来,导致家庭成员之间关系紧张、怨恨甚至产生隔阂。家庭治疗为家庭提供了一个中立与安全的空间,让每个成员都能表达自己的感受和观点,不用担心被否定或惩罚。治疗师会协助家庭成员学习冲突解决的技巧,如共情和协商。通过这些技巧的学习和实践,家庭成员可以共同努力处理长期存在的问题,找到可接受的解决方法,从而清除误解,增进信任,恢复家庭和谐。这一过程不仅有助于解决现有的问题,也能够为将来可能出现的争议建立解决问题的模式。

04 增强家庭适应能力

家庭是一个持续不断发展的单元,时常需要面对各种变化和挑战,如孩子的成长、职业变动或成员的疾病。家庭治疗通过增强家庭成员的应对技能和适应能力,帮助家庭应对这种变化。治疗师会与家庭合作,探讨以往成功应对困难的经验,找出力量与资源,建立新的、更有韧性的应对机制。家庭成员可以学会如何在压力环境中支持彼此,并作为一个团队一起工作。利用这些技能，家庭可以更加稳健地渡过危机，并从中成长，改善家庭功能，使家庭成为一个支持和增强个体抗逆力的源泉。

三、强化家庭边界与成员间的角色认知

家庭系统中的边界与角色认知对于维持家庭成员间健康与和谐的关系极为重要。边界决定了家庭成员之间相互交流与相互影响的方式，而清晰明确的角色认知则帮助每个成员理解自己在家庭中的职责和期望。家庭治疗着重于揭示并强化这些边界与角色，以促进家庭内部的稳定和平衡。当家庭边界模糊不清或成员角色混乱时，可能会导致功能失调，引起冲突和叛逆行为。家庭治疗的过程中，治疗师将引导家庭成员共同探讨和重塑这些边界与角色认知，使之更适应家庭的需要，从而改善青少年与家长的亲子关系，增进家庭成员之间的互相理解和支持。

01 界定健康的家庭边界

家庭治疗强调在家庭成员间划定健康明确的边界，以确保家庭系统的良性运作。健康的家庭边界既能够保护家庭成员的个人空间和自尊，又能保证家庭内部紧密的情感联系和有序的生活方式。在家庭治疗过程中，治疗师会与家庭成员共同探讨并划定各种边界，例如隐私、时间管理以及情感表达等领域的界限。通过这一过程，家庭成员在学会尊重别人的界限的同时，也能有效地设定和维护自己的界限。通过建立和维护良好的家庭边界，治疗师帮助家庭在满足个体独立性和家庭整体的协调运作之间找到平衡，从而减少冲突，增强家庭功能性以及提高每个成员的幸福感和满意度。

02 明确家庭成员角色

家庭治疗中一个关键的环节是澄清和明确家庭各成员的角色，以确保每个人在家庭中都有明确的定位和责任。通过讨论和角色扮演，家庭成员可以更好地理解自己在家庭中的位置以及与其他成员之间的互动方式。治疗过程中，家庭成员将探索各自的期望、责任和角色行为是否适宜。治疗师将协助家庭成员根据各自的特点和家庭的需求来调整角色，有助于减少角色混淆或不明确带来的困扰和冲突。明确的角色认知能够帮助家庭成员明白他们在家庭中扮演的角色，每个人的责任和期望也因此变得更加清晰，家庭治疗能够帮助各成员尊重和理解各自及他人的角色，促进家庭内部和谐。

03 增强父母权威与责任

家庭治疗的一大目标是在确保青少年成长需求与自主性的基础上，强化父母的权威和责任感。家庭中的规则和指导需要得到恰当的执行，而这往往是依靠父母的权威来实现的。治疗师在认可青少年自主性和成长需求的同时，还要帮助父母建立和维护一个清晰的家庭规则和界限。这不仅有助于提高父母在子女心目中的权威性，也鼓励他们以更为适宜的方式来展现这种权威，如通过一致性、理解和尊重，而不是严厉和专制的方式。与此同时，通过增强父母的责任感并引导他们在规则设定和执行中保持适度弹性，可以确保青少年在健康环境中获得成长与发展。

04 促进角色适应性的调整

家庭治疗会使家庭成员认识到，随着家庭发展和生活条件的改变，成员需进行角色的适应性调整。随着时间推移，家庭的需求和挑战也会发生变化，如孩子的成长、父母的职业变动或老年家庭成员的照顾需求等。在这些变化面前，原有的家庭角色分配可能需要重新评估和调整。治疗师通过家庭治疗为家庭成员提供支持和指导,使他们能够适应新的角色,并应对生活中的新挑战和责任。治疗过程中,治疗师将鼓励家庭成员识别新的角色需求、共同协商角色转变和调整家庭规程。通过这一过程,每个家庭成员都可以更好地适应家庭中的变化,满足家庭功能的持续和谐发展。

第三节 认知行为疗法及情绪调节训练

一、认知重建的方法与技巧

认知行为疗法（Cognitive Behavior Therapy，CBT）是一种心理治疗手段，有效用于处理各种心理障碍，包括焦虑、抑郁和压力相关问题。其核心理念在于通过识别和改变个体的负面思维模式以及相应的行为反应，达到情绪和心理健康的改善。认知重建是认知行为疗法中使用的一种主要方法，它包括一系列技巧和策略，用于帮助个体识别并质疑其失真的负面思维（例如过度概括、灾难化等），并用更现实和平衡的思考方式来替换这些思维。通过这种训练，个体能够挑战和改变自己对事件的负面认知，进而影响情绪反应和行为模式，以实现更良好的情绪调节。关于认知重建的方法与技巧的要点有如下几点。

01 识别负面自动思维

认知重建的过程始于识别那些经常在心头自发出现的负面思维。这些思维可能是批评性的、灾难性的或者以其他方式扭曲事实的，它们可以迅速激起强烈的情绪反应。个体通过主动识别这些自动化的负面想法，可以学会如何在它们出现时暂停和反思，而不是让情绪反应占据主导。日常记录是一种有效的方式，它可以帮助个体跟踪这些思维模式并识别出触发它们的因素。这一过程还包括区分事实与思维产物，以及理解这些自动思维如何塑造情感体验和行为反应。通过反复的练习和认知重构，个体可以逐渐减少这些自动化的负面思维带来的影响，从而主导自己的情绪和行动。

02 挑战失真认知

识别了负面自动思维之后，下一步便是挑战其真实性和合理性。治疗师会指导个体质疑这些失真认知背后的假设，评估其依据，并调查它们是否合乎逻辑。挑战失真认知的技巧包括实证检验和替代思考：实证检验要求个体寻找支持和反驳这些思维的事实证据，而替代思考鼓励个体寻找更积极、更现实的思维来取代原有的失真认知。这一过程可能涉及寻找这些认知中的逻辑漏洞或过度概括，并考虑其他可能的解释。通过这种方式，个体能够开发一种更加平衡和灵活的思维方式，以更为健康和积极的态度面对问题和挑战。

03 构建新的认知模式

挑战并克服了负面自动思维后，个体会被引导创建新的、适应性更强的认知模式。治疗师鼓励个体寻找和发展更现实的自我陈述，用积极而平衡的视角来替代先前的负面和扭曲的观念。新的认知模式围绕着个体的实际经验，并强调个人力量与能力，促进了情绪上的自由和自身价值的认可。例如，一个认为自己在社交场合总是失败的个体，可以被引导换一个角度思考，将过往的社交经历视为学习和成长的机会。这种改变不仅仅是关于思维的变化，更是关于个体如何看待自己及其与周围世界的关系的根本变化。

04 实践与反馈

一旦新的认知模式建立起来，个体需要在日常生活中不断地实践和应用这些模式。认知重建的过程要求个体积极参与并把所学的正面思维模式应用于实际情境中，从而通过个人的经验来加强其效力。个体可以被鼓励设置特定的目标并定期审视自己在实践中的进展，以及在此过程中遇到的挑战和获得的成功。反馈是这一过程的重要组成部分，治疗师、同龄人或家庭成员的反馈可能对个体巩固新的认知模式有着显著的帮助。这种外部反馈可以加深个体的自我洞察，并提供必要的调整来进一步优化形成更健康的认知和行为模式。通过不断实践和反馈，新的认知模式逐渐成为个体自然而习惯的思维和反应方式，最终成为其日常生活的有机组成部分。

二、行为矫正与情绪调节的联系

行为矫正是认知行为疗法（CBT）中的关键组成部分，专注于改变那些负面的或不健康的行为模式，从而有效地促进情绪调节和心理健康。结合认知重建的方法，CBT通过改变个体的行动来反馈并强化新的认知模式，形成一个积极的循环：改善的认知带来更健康的行为，而更健康的行为又进一步巩固和优化出更积极的认知模式。行为矫正通常包括替代不利的行为模式、建立新的技能和习惯，以及学会更有效的情绪调节策略，如放松训练、情绪暴露等。这些技能会在个体面对压力和情绪挑战时发挥作用，帮助他们保持情绪平衡和心理健康。关于行为矫正与情绪调节的联系，主要要点如下。

01 识别和克服回避行为

许多心理问题，如焦虑、恐惧和抑郁，常常伴随着一种根深蒂固的行为模式——回避。个体为了避免所引起不适或焦虑的情境，往往采用回避行为，但长此以往，这会加剧问题并限制个体生活的范围。认知行为疗法（CBT）中的"曝露"技术专门用于减少回避行为并促进情绪处理，该技术鼓励个体逐渐地、系统地面对通常会回避的情境。这一过程起初可能会增加个体的不适感，但最终会帮助他们降低与该情境相关的焦虑水平，学会更健康的应对方式。经过 CBT 训练的个体会逐渐认识到回避只是一种短期解决方案，不能从根本上解决问题，反而可能使问题逐渐恶化。通过逐步面对和克服回避行为，个体可以发现他们在之前回避的情境中的自我效能，提高应对能力，并重塑围绕这些情境的认知和情感。

02 增强问题解决能力

面对挑战时能够有效地解决问题，对于降低心理压力和避免恶性情绪循环至关重要。CBT 的目标之一就是提升个体的问题解决能力，医生通常会引导个体学习如何识别问题的本质，生成解决方案，以及评估各种不同解决方案的可能结果和可行性。通过案例讨论、角色扮演及模拟挑战，个体在安全的治疗环境中练习这些技巧，从而能够在现实生活中更自信、更积极地面对问题。此外，增强问题解决能力不仅可以遏制因无力感而加剧的焦虑和压力，而且可以在个体遇到难点时帮助他们保持心理的稳定及适应性，从而促进整体的情绪健康。

03 学习情绪调节策略

稳定和调节情绪对于改善个体在社会和职业中的功能至关重要。CBT 的另一个重要方面是教授个体一系列情绪调节技巧，这包括学习识别情绪模式，理解感受背后的原因，及时采取措施进行调整。例如，深呼吸和正念练习能够帮助个体在压力增大时保持冷静，而有效的自我安慰技巧可以在情绪低潮时提供心理安慰。通过这些技巧，个体可以更好地管理他们的情绪反应，避免因为暴怒或绝望而采取冲动行为。定期练习这些策略有助于提高他们的情绪智商，使他们能够在日常生活的压力中展现出更强的韧性和适应性。

04 增强自我监控和自效感

通过 CBT，个体可以提高对自己行为和情绪的监控能力，将所学的技巧付诸实践，并通过观察这些技巧的效果来增强自我效能感。例如，个体可能被鼓励使用日志记录其情绪波动、行为反应及这些反应对日常活动的影响，包括他们如何应用所学技巧去解决实际问题。自我记录的过程不仅提供了个体反思的资料，也是个体感受到自我控制增强的一种方式。成功应用 CBT 技巧并观察到积极结果的个体，往往会建立起更强的自信心，这可以驱动个体继续使用和发展新的策略来应对未来的挑战。这种积极的反馈循环加固了个体在生活中有能力主动采取有效行动的感觉，从而在情绪管理上取得更长远的成功。

三、认知行为疗法在叛逆情绪管理中的应用

认知行为疗法（CBT）不仅在广泛的心理障碍治疗中非常有效，在处理叛逆情绪以及与之相关的行为问题上也有很多成功记录。叛逆情绪通常为有害的行为反应提供了催化作用，导致青少年或者成年人在压力或挫折面前采取极端或毁灭性的行为。CBT 通过一系列结构化的步骤，帮助个体认识并改变那些促使叛逆情绪发展的内在思维模式，进而学习更积极的情绪调节技能。通过这个过程，个体不仅在认知范畴上理解情绪反应的原因，而且还能在行为范畴上采取控制和减缓叛逆行为发生的措施。在叛逆情绪管理中，认知行为疗法的应用要点可以归纳为以下几点。

01 提升自我意识和反思能力

在认知行为疗法的过程中，一个关键环节是增强个体的自我意识，并提高他们的自我反省能力。这包含帮助个体开始认识和理解那些反复出现、通常负面的自我思维模式，诸如感觉被生活不公平对待或在面对

压力时感到愤怒且无助。这类负面思维通常是无形的，但极具影响力，能在不知不觉中推动叛逆情绪及行为的产生。CBT通过教育个体识别这些负面的自发思维，使其能够在负面思维出现时进行自我质疑并采取实际行动。个体可以从观察自己的内心活动开始，进而理解这些活动如何驱动他们的情绪和行为，最终引导他们朝积极的方向转型，以更健康、更建设性的方式来回应生活中的压力和挑战。

02 替代性思维和行为模式

将负面的、导致叛逆情绪的自动思维转变为替代性的、更为理性和平衡的思维模式，是一个不错的方法。通过挑战原有的思维模式，个体可以学习到新的解释方式，它们通常基于证据和逻辑思考，而非先入为主的偏见。这种思维模式的转变允许个体在遇到挑战时采取更积极和有效的行为，如通过沟通来解决问题，而非逃避或攻击。治疗师通过引入新的认知策略，并通过角色扮演和情景模拟，帮助个体在现实生活中应用这些新模式。这种从认知到行为的改变为个体提供了一种新的处理和响应生活中的困难的工具，帮助他维持心理健康和社会功能。

03 压力情境下的应对技巧

叛逆情绪的产生往往是个体面对压力情境时，未能有效应对的一个标志。CBT中的另一个关键组成部分是教授个体在面对这些情境时如何有效地运用认知和行为技巧。这些技巧包括学会放松、问题解决和有效沟通等。通过在安全的治疗环境中练习这些应对技巧，个体在真实世界中面对相似情境时，能够自我激励并采取适当的行动。这样，他们就能更好地控制情感反应，避免冲动行为的发生，并做出理性决策。

04 增强亲社会行为和冲突解决能力

认知行为疗法也强调在冲突情况下采取更有建设性和亲社会的行为。这涉及促进青少年与他人之间的理解、同情和共情，鼓励青少年互相合作和积极解决问题，减少对立和敌意。冲突解决技巧的教授和练习能够帮助个体学会如何在冲突出现时保持冷静，探求双赢的解决方案，提升人际关系的质量。在团体治疗环境中，个体可以观察并学习他人如何有效地处理冲突，同时也可以在接受群体支持的情况下尝试新的行为策略。通过这些实践，个体不仅能够在个人层面上成长，也能对社会群体产生积极的影响。

第四节 社会技能训练与团体治疗的效用

一、社会技能反馈与角色扮演

社会技能训练以及团体治疗在促进青少年和成人的心理社会适应能力方面起着重要作用。这类治疗的有效性在于其集中关注发展和加强社交互动中的关键能力，如有效沟通、情感表达、冲突解决和共情能力。通过团体治疗，参与者有机会在安全的环境下模拟真实的社交场景，获得即时反馈，并通过观察他人在类似情境下的行为来学习。角色扮演和反馈环节是这类治疗中不可或缺的环节，因为它们提供了一个平台，参与者可以实践新的技能，探索不同的行为选项，并从他人的反馈中了解到自身行为的效果。以下是关于社会技能反馈与角色扮演的主要要点。

01 角色扮演的利用

角色扮演就是通过模仿特定角色的行为和交流方式，让参与者在受控的环境中练习和体验社交技巧。这种方法允许参与者在实际进行社交活动之前，在模拟的社交场景中试错并学习，这对于缺乏自信或具有社交焦虑的个体尤为有益。角色扮演的活动往往聚焦于挑战性的社交场合，如在团队中提出自己的意见，或在社交活动中发起对话。在这一过程中，参与者可以不受现实世界后果的威胁，反复练习如何积极倾听、如何清晰表达自己的想法和感受，以及如何体面地处理拒绝或冲突。这样的训练使得新的社交技能在安全无压力的环境中得以巩固，而个体也变得能够更加熟练和自信地应对真实世界的社交情境。

02 反馈环节的作用

角色扮演后的反馈环节是整个学习过程中的关键部分，它提供了一个机会让参与者从旁观者和治疗师那里获得关于自己行为的即时反馈。这种反馈是建设性的，通常涉及对角色扮演过程中社交能力运用的评估，包括沟通风格、身体语言和反应时机。通过了解自身的行为如何被别人理解和感受，参与者得以认识到自己沟通习惯的长处和短处。反馈不仅仅是对已经发生的行为的评价，更是对未来社交策略改进的指导。在这一过程中，参与者学习如何接受批评，采纳别人的观点，以及如何在实际生活中把反馈转化为更有效的社交技巧。

03 提升自我觉察能力

自我觉知是意识到自身行为及其影响的能力，这在社交技能训练中至关重要。通过自我反思，参与者被鼓励深入思考自己经常采用的交流模式及其对周围人的影响。借助治疗师的指导，参与者将学会如何客观地评估自己在特定社交场合下的表现，如何识别自己的情绪反应，并理解这些情绪和行为是如何相互作用的。增强自我觉察能力不仅有助于调整不利的社交行为，还能帮助个体更好地理解他人的行为和动机。这种深层次的自我理解，对建立及维持健康人际关系有非常重要的价值。

04 观察学习的益处

团体治疗中的观察学习提供了一个平台，使个体能够在没有直接参与的情况下从他人的经历中学习社交技巧。这种学习方式允许参与者观察他人在角色扮演中的表现及交流策略，并从中汲取有用的信息。他们可以看到他人如何应对压力、处理冲突或在困难的交流中保持风度。此外，观察学习还帮助参与者明白不同的人在同一社交情境下可能采取不同的策略，增加了应对问题的选择性。通过观察他人的成功和挑战，参与者能够学习到多种处理社交问题的方法，而不仅限于自己以往的模式。这种学习方式对于个体扩展社交技能和增强自适应能力有着深远的影响。

二、团体治疗中的同辈支持与正向影响

团体治疗作为一种心理治疗的形式，提供了一个独特的治疗环境，其中患者能够在同辈的支持与反馈中学习和成长。这种治疗形式尤其适用于社会技能训练，因为它允许参与者在一个非评判性的团体中实践新技能，并从其他组员的经验中学习。同辈支持在团体治疗中起着核心作用，它不仅能够降低参与者的孤独感，也能够提供正向榜样，从而帮助个体在面对社会适应问题时获得更多的信心与动力。在同辈的见证下，个体能够分享自身的挑战与进步，感受到集体的力量，并在互相的鼓励中共同克服困难。在探讨团体治疗中的同辈支持与正向影响时，以下要点不容忽视。

01 感同身受的力量

在团体治疗中，当成员们分享他们的经历和挑战时，他们往往会发现彼此之间有着惊人的相似之处。这种共同的经历为团体成员提供了一个独特的机会，让他们能够真正地感受到彼此的痛苦和挣扎。这种深层次的理解和共鸣不仅能够增强团体之间的联系，还能够为个体提供一个安全的空间，让他们感到被理解和接受。在这个过程中，成员们可以更加自由地表达自己的感受，同时也能够从他人的经验中获得启示和支持。

02 建立互助网络

团体治疗不仅仅是一个分享和倾诉的平台，它也是一个建立互助网络的绝佳机会。在团体互动中，参与者可以建立起深厚的人际关系，这些关系往往超出了治疗的范畴。通过这种互助网络，成员们可以在治疗之外获得持续的支持和资源。这种支持可能是情感上的，也可能是实际的帮助，比如提供工作机会、推荐资源，或者仅仅是提供一个倾听的耳朵。这种互助网络不仅能够增强团体的凝聚力，还能够帮助成员们在面对生活中的挑战时感到不孤单。

03 角色模范的重要性

在团体治疗的环境中，成员们有机会观察到其他成员的成功和正向变化。这种观察为他们提供了一个宝贵的学习机会，让他们看到改变是可能的，并且是可以达成的。当一个成员看到另一个人克服了与自己相似的挑战时，他可能会感到更加有信心和动力去尝试新的方法或者策略。这种角色模范的影响是巨大的，因为它为成员们提供了一个具体的、活生生的例子，证明了改变是可以实现的。

04 集体的智慧与资源

团体治疗的一个巨大优势是它能够汇集多个成员的智慧和资源。在团体中，每个人都有机会分享他们的故事、策略和资源。这种共享的过程不仅能够为其他成员提供新的观点和解决问题的策略，还能够激发团体的创新思维。当成员们共同面对一个问题时，他们可以从不同的角度来考虑问题，从而找到更加全面和有效的解决方案。此外，团体的智慧还包括了成员们的个人经验，这些经验可以为其他人提供宝贵的教训和启示。

三、促进对社会规范的理解与遵守

在社会技能训练与团体治疗中，对社会规范的理解与遵守起着举足轻重的作用。这不仅是帮助个体在社会环境中自主导航的关键因素，也是确保他们能够在不同的社交场合中维护积极人际关系的基础。通过团体治疗，个体有机会在一个模拟的社会环境中实践新的行为，进而加深对社会规范的理解并内化这些规范。治疗师利用这个环境来监测并引导个体的进展，确保他们不只是学习到社交技能，更能明白在特定的社会背景下规范的重要性，并学会如何适当地遵守这些规范。团体治疗中的角色扮演、集体讨论和模拟情境等活动都是推动这一过程的重要组成部分。

01 社会行为的模式化

团体治疗为参与者提供了一个珍贵的，可以安全地探索和实践社会行为的场所。在这样的环境中，个体不仅了解到社会上普遍接受和期望的行为，还有机会观察哪些行为可能会导致人际关系的紧张或疏远。治疗师会引导团体成员通过多次的角色扮演和模拟交互来练习和巩固这些行为模式。这过程中的重复性对于建立社会行为的新习惯至关重要。例如，团体活动可以帮助个体在回应批评时保持平静，或者学习以更加有效和有建设性的方式表达不满。通过反复的练习，参与者逐步学会以适宜的社会行为来做出反应，这样的行为模式通过不断强化，逐渐变得自然，像一种本能。

02 对社会预期的敏感度培养

团体治疗中的每次互动都是对社会预期反应灵敏度的一个训练。治疗师不仅通过直接的反馈，而且通过小组讨论和角色扮演的观察，帮助个体学会察觉和理解不同社会情境下的隐性规则和期望。这种能力的提升对于他们在社会互动中的适应非常重要，可以帮助他们更有效地与他人建立联系，避免误解和不必要的冲突。举个例子，通过观察其他团体成员的反应，一个个体可以学习到在正式场合与在非正式聚会中语言和行为的差异。这些经历可以帮助个体逐步形成一个内在的社会情境地图，为他们在复杂的人际网络中导航。

03 归属感与规范遵守的联系

在团体治疗中，成员们通过共享经验、目标和努力，彼此建立起归属感。这种归属感是遵守规范的天然催化剂，因为个体更可能遵守被他们认同的群体所设定的规范。这种群体规范可能包含如何相互尊重、沟通和提供支持等。治疗师通过鼓励团体成员互助和共情，强化这种群体认同和规范的遵循，从而使治疗过程中练习的行为不只是临时的，而是成为个体的长期行为模式。

04 长期行为变化的激励

团体治疗中提供的持续实践和积极反馈，是推动长期行为变化的重要动力。通过在团体活动中展示和讲解社会规范，并在小组互动中加以练习，参与者被激励去不断提升他们的社交技能和行为响应。这种训练通常需要时间和耐心，因为改变旧习惯和构建新的行为模式不是一朝一夕能够完成的。然而，通过一系列有目标的活动和治疗师以及同辈的持续支持，个体可以将新的社交技能和规范逐步内化为自己的行为准则，并将之用于日常生活中的各种情境。这样的内在化过程最终能够促进个体在多样的社交环境中表现出更加自然和恰当的行为。

06

第六章

预防和应对青春期叛逆的策略

第一节　营造积极的家庭环境

一、亲子交流的原则与技巧

在处理青春期叛逆行为的过程中，营造积极的家庭环境和建立良好的亲子关系是至关重要的。积极的家庭环境可以提供心理支持和安全感，而良好的亲子关系有助于家长更好地理解孩子的需求和挑战。在此基础上，有效的亲子交流成为连接双方、解决冲突和培养互信的桥梁。以下是亲子交流时的原则和技巧。

01 一致性原则

家长在与孩子的沟通中坚持一致性原则是构建健康亲子关系的基石。这意味着家长要在规则设定和日常交流中保持一致的态度和行为，从而为青少年提供可靠和可预测的指导。例如，若家庭规定孩子晚上十点前需完成作业，那么家长在任何情况下都应坚持这一规定，而不是时而宽松时而严格。这样的一致性不仅能减少青少年的困惑，还能帮助他们学习如何制订并遵循个人的时间表并负起责任。

一致性亦体现在家长的以身作则上。通过模范行为，家长也可以教育青少年如何规划自己的时间和行为。当家长的言行不一时，青少年可能感到迷惘并开始质疑家长的权威。因此，只有家长的言行一致，青少年才能学会如何自律和自信，这在他们的成长过程中至关重要。

02 积极倾听

积极倾听是构建亲子之间的信任和理解的桥梁。充分倾听孩子的诉说，意味着要在交谈时全神贯注，不被其他事物分心，并避免在孩子表达自己时打断他们。例如，当孩子谈论学校生活时，家长应该避免同时查看手机。通过眼神接触，家长不仅显示了对孩子话语的关注，也表达了一种非语言的支持和安慰。

使用开放式提问是另一种积极倾听的方式，这种提问鼓励孩子分享更多的想法和情感，而不是简单地回答"是"或"否"。抛弃有色眼镜，放下成见，家长需要真实地理解孩子的独特视野，而不是通过自己的预期或经验来解读。这将帮助家长发现并解决孩子可能面临的问题，同时也传递了重视和尊重他们的意见的态度。

03 强化正面行为

正面反馈是强化青少年积极行为的有效工具。通过肯定孩子的好行为，家长鼓励他们重复这些行为，从而形成良好的习惯。例如，当孩子在家中帮助做家务或在学校取得好成绩时，家长不应疏忽表扬和奖励，这种肯定会深深植根于孩子的心中。

通过赞美和奖励，家长不仅增强了孩子的自我价值感，也激励他们继续做得更好。如同植物需要适量的水分和阳光才能成长，青少年同样需要适宜的激励才能繁茂成长。家长的积极回应是培育青少年积极面对生活挑战的心态的营养素。

04 开放性沟通

在亲子交流中，鼓励开放性沟通至关重要，这意味着家长与孩子之间的对话不应受限于特定话题，家长应表现得对孩子的想法和感受持开放态度。例如，家长可以鼓励孩子表达对某个新闻事件的看法，或者讨论他们对未来的憧憬。开放性沟通塑造了一个积极的交流环境，孩子们可以自由地表达自己，也可以向家长学习如何进行有意义的对话。

当家长为孩子提供一个开放性的、无评判的平台，他们就建立了一个基于尊重和信任的沟通基石。这种沟通方式不仅促进了家庭成员之间的关系，也为青少年提供了必要的心理安全感，让他们可以毫无顾虑地分享内心的思考和困扰，增强他们的社交技巧和自我认知。

二、家庭规则的设立与执行

在预防和应对青少年的叛逆行为中，家庭规则的设立与执行无疑发挥着关键作用。明确的家庭规则能够为青少年提供可预见的结构和指导，有助于他们理解家庭的期待，并根据这些期待调整自己的行为。然而，规则的制定过程不能靠权威压制，而应该是一个充满参与互动和教育意义的过程。该过程旨在提高孩子的责任感，要尊重他们的意见，并通过合作来制定可行和公正的规则。

01 共同参与设立规则

共同参与设立家庭规则是培养青少年责任感和参与感的重要途径。在制定家庭规则时，不仅要向孩子解释规则的意义和目的，还要鼓励他们踊跃提出自己的见解和建议，真正做到家庭民主和共治。例如，家长可以邀请孩子一起讨论晚归的合理时限，并共同商定相应的规矩。这种做法能够有效提升孩子对规则的认同感，因为他们感觉自己在规则制定过程中有发言权，从而更愿意遵守共同设定的规则。

此外，通过参与讨论和制定规则，青少年能够更加深刻地理解规则背后的逻辑和原因，而不是简单地将其视为家长强加的限制。这种参与过程还能增强家长与孩子之间的亲密关系，因为双方在制定规则的过程中构建了一种合作伙伴的关系，促使孩子感受到他们在家庭中是被重视和尊重的。

02 清晰、一致与合理

明确和一致的家庭规则是塑造青少年行为的基础。家庭规则需要足够简洁，让孩子能够轻松理解其内容，从而减少违规的可能性。例如，规定具体的家务分配表会比模糊的要求"帮忙做家务"更有效。此外，一致性原则确保家长在执行规则时不会因情绪或其他外部因素而有所波动，这为孩子提供了稳定的行为指引。

合理性也同样重要，家庭规则应考虑青少年个人的成长阶段和能力范围。太苛刻的规则可能让孩子感到沮丧，而太松懈的规则则可能导致他们缺乏必要的自我约束。例如，为初中生设定的宵禁时间可能与为高中生设定的不同。只有当规则与青少年的实际需求和发展水平相匹配时，家长的期望才更容易被孩子所接受和遵守。

03 积极强化与适时惩罚

在执行家庭规则时，运用积极强化的理念能够增强青少年的正面行为。例如，当孩子按时完成作业或做出有助于家庭的额外贡献时，家长应及时给予表扬或适当的奖励。这能显著提高孩子重复这一行为的频率，因为他们已经领会到遵循规则会带来积极的后果。

适时的惩罚同样重要。当规则被违反时，家长应当施以公正且与违规程度相匹配的处罚，这也是让孩子认识到行为后果的一种方式。惩罚应与具体情境相适应，例如对于一次轻微的过失给予口头警告，而反复的或严重的违规则需要更为严格的惩罚措施。通过这样的措施，孩子能够从错误中学习，并改正自己的行为。

04 规则的定期评估与调整

随着孩子的成长及家庭情况的变化，家庭规则亦需定期进行评估与调整。家长需要定时检视各项规则的适用性和有效性，确保它们仍然满足孩子的成长需求。例如，随着孩子的年龄增长，他们需要更多的独立性，因此家长可能需要放宽某些规则，如延长晚归时间。

同时，家长应继续与孩子就这些调整进行沟通，解释规则变更的逻辑。在这个过程中，鼓励孩子提出自己的看法，尤其是那些直接影响他们日常生活的规则。例如，如果考虑到孩子参与课外活动的需求，调整了原定的宵禁时间，家长应明确和孩子分享这一决定背后的原因。通过这种对话，家长不仅向孩子展示了家庭规则是可调整的，也让孩子意识到他们的观点有价值，从而营造出更融洽的家庭氛围。

第二节 学校与社区的介入措施

一、学校辅导资源的优化与利用

学校在预防和应对青春期叛逆行为方面扮演着极其重要的角色。作为青少年成长过程中的一个主要阵地，学校不仅要提供知识教育，更有责任参与学生的情感与行为发展。优化和充分利用学校辅导资源，可以为学生提供必要的支持系统，帮助他们应对与成长相关的挑战。这包括提供心理健康教育、一对一辅导、团体工作坊以及危机干预等服务。

01 增强心理健康认知

心理健康教育在校园中的重要性日益凸显。通过开设专门的心理健康课程，学校能够提供一个平台，让学生了解和理解他们的情绪体验、压力源以及应对策略。这些课程可以包括应对考试焦虑的方法、日常的压力管理技巧以及建立健康的人际关系的策略。通过这些知识，学生能够在面对挑战时感到更有自信，并且能够更好地理解和支持他们周围的同伴。

此外，心理健康课程还可以增进学生对于常见心理障碍的认识，破除相关的误解和污名，从而培养出一种更为包容和理解的校园文化。当学生对此类问题有了更深刻的理解后，他们将更可能在必要时寻求帮助，减少问题的恶化。

02 提供心理咨询服务

面对学业压力和青少年期间的个人挑战，心理咨询服务成为学生支撑体系中的一部分。学校内设立的心理咨询中心可以提供私密、安全的空间，让学生可以和专业的心理咨询师进行一对一的交流。这为他们提供了一个释放内心困扰、讨论个人问题和寻求专业建议的机会。

通过定期的咨询会谈，学生们可以学习到更有效的情绪调节方法，探索解决学业和人际关系问题的途径。心理咨询师还可以为学生提供资料和推荐更多的支持资源，以帮助他们在校园内外寻找所需的帮助。

03 开展团体辅导项目

团体辅导活动为学生提供了互相学习和支持的机会，是促进心理成长和个人发展的重要途径。在团体工作坊中，学生可以与遇到相似困境的同伴一同探讨问题，并在专业人员的引导下找到解决之道。活动的主题可选范围很广，例如学业压力、家庭问题、人际关系冲突、未来的职业选择等问题。

这些团体项目可以帮助学生建立起解决问题的自信，同时他们可以通过分享经验和解决策略，促进与同学的交流和互助。通过这种方式，团体项目不仅支持了青少年的心理健康，还增强了学生社会网络中的互信和合作精神。

04 推广亲社会活动与志愿项目

参与社会服务和课外志愿活动可以帮助学生建立起正面的社会责任感，同时也为他们提供了与社区成员建立联系的机会。在团队合作中完成某项任务或服务项目可以加强学生的责任感，并使他们感到自己对社会有所贡献。

通过亲身体验和为他人服务，学生们不仅可以获得宝贵的实践经验，还能提高自我效能感以及个人价值感。学校鼓励并引导学生参与这些活动，可以帮助他们在学习和个人生活之外找到平衡点，并通过积极参与社会活动建立起强有力的社交网络。这个过程中所建立的正面人际关系对他们的长期发展十分有益。

二、社区联合行动与影响叛逆的社会因素

预防和应对青春期叛逆行为不仅仅是学校的责任，社区作为青少年成长的另一个重要环境，其资源和行动也会对青少年产生深远的影响。社区内不同机构和团体的联合行动可以为青少年提供一个更加全面的支持系统，从而帮助他们在社会化过程中发展积极的行为习惯，减少叛逆行为的发生。当社区能够识别并正面影响那些可能导致叛逆行为的社会因素时，就更能够在更宽广的层面上促进青少年的健康成长。在探讨社区联合行动与影响叛逆的社会因素时，以下要点不容忽视。

01 跨机构合作

在社区内，不同的机构如学校、公安、医疗中心和社会服务机构扮演着重要的角色。为了有效地处理青少年叛逆行为，这些机构需要建立紧密的合作关系，形成一个综合性的网络。通过共享信息、资源和最佳实践，他们可以共同制订策略，提供支持和干预措施，以帮助青少年克服叛逆行为。这种合作还可以促进机构之间的协调，确保青少年在不同环境中得到一致的关注和支持。

02 提供多元化的活动和项目

社区应该提供各种各样的活动和项目，以满足不同年龄和兴趣的青少年群体的需求。这些活动可以包括体育比赛、艺术工作坊、音乐表演、

志愿者活动等，旨在激发青少年的兴趣和热情，提供积极的发展机会。通过参与这些活动，青少年可以培养社交技能、增强自信心，并找到积极的发泄渠道，从而减少叛逆行为的发生。

03 增强家庭与社区的互动

家庭是青少年成长的重要环境，社区应该努力提高家庭成员对社区资源的了解和访问便利性。通过家长教育计划和亲子活动，社区可以促进家庭与社区间的亲密关系。家长可以学习如何更好地与孩子沟通，进而理解和支持他们的需求。同时，亲子活动可以提供一个平台，让家庭成员共同参与社区活动，增进亲子关系，加强家庭凝聚力。

04 积极应对社会负面影响

社区需要认识到并积极应对可能诱导青少年叛逆行为的社会负面因素，如同伴压力、毒品和犯罪。社区可以通过开展宣传教育活动，提高青少年对这些负面影响的认识和警惕性。此外，社区还可以建立预防和干预机制，提供心理咨询、康复服务和法律援助等支持，帮助青少年远离负面影响，更好地融入社会。

三、建立多元合作网络与资源共享

在预防和应对青春期叛逆问题的过程中，构建多元化的合作网络以及资源共享的策略显得尤为重要。这样的网络涵盖了教育、健康、社会服务等多个领域的专业力量，从而形成一套互补且协同的支持体系。资源共享能够充分利用社区已有的各种服务与设施，确保相关的干预措施能够有效触及需要帮助的青少年。这种整体性的方法不仅优化了资源的利用，促进了机构间的协调一致，还为青少年提供了更加全面和持续的支持。以下是关于建立多元合作网络与资源共享的要点。

01 协调多领域专业力量

在支持青少年健康成长的过程中，多领域的协作是至关重要的。有效的协调策略需要涉及教育、健康和社区服务等多个领域的专业人士，通过跨领域的合作构建一个综合性的青少年发展框架。比如，学校可以与医疗机构合作开展健康教育课程，或与社区中心联合举办生涯规划研讨会。此类合作能够使教育和服务更加贴近青少年的实际需求，同时为他们提供多维度的成长支持。

加强多部门之间的沟通机制同样至关重要。教育工作者需了解来自卫生专业人员的最新健康资讯，社区服务人员也需要掌握学校教育内容，以形成高效的联动效应。这种跨界合作的优势在于各专业力量能够为青少年提供一个无缝接轨的学习和成长环境。

02 发展中央协调机构

在跨领域合作中，中央协调机构的作用不可忽视。这样的机构可以是一个专门部门或一个跨机构平台，致力于整合和调度各个领域的资源和信息。这个机构的职能包括但不限于收集和分析服务需求、监督和评价服务提供的效果，以及确保资源的合理分配。

中央协调机构的有效运作可以大大提高服务供应的及时性和适宜性，确保各项服务能够快速响应青少年的需求。此外，这种中心化的管理方式也有助于避免资源浪费，提高服务的效率和质量，从而形成一个更加和谐高效的支持网络。

03 共享资源与信息

资源共享与信息流通对于构建高效的青少年发展网络也很重要。通过设立共享平台，各机构之间可以相互提供和获取最新的数据、研究成果和服务手册。这不仅加深了各个机构对青少年需求的理解，还能促进创新服务模式的产生。

有效的信息交流可以带来双向的好处。一方面，它能够帮助服务提供者快速找到对应的资源，提高服务的时效性和准确度。另一方面，信息的共享也有助于提高整个社区的透明度和参与度，激励更多社区成员为青少年服务工作做出贡献。

04 社区活动与服务整合

社区是青少年成长发展的重要支撑环境。整合社区内的各种活动和服务，例如将学习辅导、心理健康工作坊和职业培训纳入一个统一的服务体系，可以为青少年提供一个多元、完善的成长支持系统。

这种整合不仅涉及服务内容的完善，也意味着在服务提供的时间和空间上做出适当的调整。例如，在学生放学后的空闲时间提供辅导课程，在易于青少年到达的社区中心或学校设置服务点。这样的一站式服务系统减少了青少年获取支持时可能遇到的障碍，促进了他们在学业、心理健康和职业规划等方面的全面发展。

第三节　提高青少年的自我认知

一、自我建构的策略与技巧

青春期是自我认知发展的关键阶段，是形成个人身份、价值观和未来规划的重要时刻。在这个过程中，自我建构的策略和技巧起到了至关重要的作用，这包括对个人内在知识的建立、情感的理解和表达，以及个人优点和局限性的认识。提高青少年的自我认知和情绪管理能力有利于他们在社会和学校生活中进行更好的自我调节和决策，进而引领他们向着积极的个人成长和未来发展迈进。在提高青少年自我认知与情绪管理能力方面，关键要点包括以下几点。

01 心智化能力的培养

心智化能力是指个体对自己和他人心理状态的理解能力，包括洞察自我和他人的需求、感受和意图等。通过培养青少年理解和解读心理状态的技能，可以有效提高他们的同理心和社交能力。教育者可以通过讲故事、角色扮演和组织讨论等方式，帮助青少年练习认识和理解不同的情感状态，以及它们背后可能的动机和原因。

此外，心智化能力的提升在冲突解决和人际交往中尤为重要。当青少年能够理解他人行为背后的心理动机时，他们更容易从别人的角度思考问题，并以更为建设性的方式回应他人的行为。这样的能力对青少年未来与人沟通、建立和维护人际关系都有着深远的影响。

02 情绪识别与表达

准确识别并合理表达情绪对青少年的心理健康至关重要。教会青少年如何识别各种情绪和它们的触发因素，可以帮助他们更好地理解自己的内在体验，并在适当时采取相应的应对措施。我们可以通过引导青少年建立情绪日记、用艺术创作表达情感或通过小组活动分享经验来为青少年提供良好的情绪教育。

健康地表达情绪不仅有助于青少年处理内在冲突，还能帮助青少年在人际互动中减少误解和矛盾。教育者和家长应该鼓励青少年学会使用"我感觉……"语句来表达自己的情绪，而非把责任归咎于他人，这样可以建立起积极的沟通方式并促进亲密关系的形成。

03 自我效能感的提升

自我效能感是个体对自己能力的信念，是动力和成就的重要来源。通过强化青少年的自我效能感，让他们相信自己有掌控自己生活、实现目标的能力，可以有效提升个人的自信心和乐观态度。教育者和家长可以通过设定合适的预期目标、提供正向反馈、鼓励自主学习和探索，以及表彰青少年的成就和进步来达到这一目的。

当青少年意识到自己的努力能够带来变化时，他们更有可能去迎接挑战，并在逆境中保持坚韧和积极。这种内在的动力是青少年过渡到成年期的关键要素，对其未来的学习、工作与社会参与都有着不可忽视的影响。

04 自我反思与评估

自我反思是个人成长和学习的重要组成部分。我们要引导青少年定期地回顾和分析自己的行为及情绪反应，这样他们就能进一步加深对自身行为模式的理解，并发现需要改善的领域。教育者可以通过教导青少年使用日记、心情追踪器或反思性写作等工具来促进这一过程。

自我评估则涉及据此所做出的相应调整，以适应内外环境的变化。青少年通过反思实践，可以识别自己在面对困难时所采取的有效策略和需要进一步改进的方面。定期的自我评估有助于青少年制订更为贴合个人需要的目标和计划，并提升他们处理问题的能力。自我反思与评估不仅对青少年的学术成就发挥作用，更对他们的情绪调节、人际关系和自我认同发展有着重要影响。

二、情绪智力的培养与运用

在青少年成长的过程中，情绪智力的培养至关重要。情绪智力指的是个体理解、运用和管理自己及他人情绪的能力，这对于青少年的心理健康、社交成功和学业成就都有着显著影响。提高青少年的情绪智力可以帮助他们更好地认识和表达自己的情绪，同时也帮助他们学会如何利用这些情绪来优化思维和行为。在这个过程中，家庭、学校和社会应齐心协力，为青少年提供支持和资源，使他们在情绪管理上能够取得进步，建立积极的人际关系，并有效应对生活中的各种挑战。本节讨论了为青少年培养情绪智力的策略与实用技巧。在提高青少年的情绪智力上，我们需要关注以下几点。

01 情绪识别的教育

情绪识别是情绪智力发展的基础，尤其在青少年阶段，教育他们如何正确识别和理解自己的情绪是极其重要的。通过情绪教育，青少年可以学会识别情绪的种类和特征，了解情绪背后的原因，以及情绪对他们行为的影响。教育工作者可以利用角色扮演等活动，帮助学生模仿和理解不同情绪状态下的行为反应。写情绪日记可以鼓励青少年记录他们每天的情绪变化，增强他们对情绪模式的认知。提供丰富的情感词汇表，可以帮助青少年明确地命名自己的情绪，从而更有意识地管理自己的感受。

在这一过程中，家庭的支持也十分关键。父母可以通过日常交流，引导孩子表达自己的情绪，并提供一个安全、无评判的环境，让孩子感觉自己在探索和了解情绪时得到支持。

02 增强情绪管理技巧

情绪管理技巧的训练对青少年来说非常重要，有效的情绪管理能够促进青少年适应社会环境，让他们在冲突和压力面前保持冷静和清晰的判断。学校和家庭可以联合提供多种情绪管理的策略和技巧。例如，通过深呼吸、冥想、放松训练等体验性活动，帮助青少年化解紧张情绪。冲突解决训练，比如角色扮演和模拟对话练习，可以教会他们在面对意见不合时如何有效沟通和解决问题。

家长的角色也同样重要，他们的态度和行为模式可以为青少年树立管理情绪的榜样。家庭中积极健康的情绪表达氛围，可以让青少年在面对情绪困扰时更加有技巧和自信。

03 同理心和社交技能的开发

同理心是连接个人与社会的桥梁，它是情绪智力中不可或缺的一部分。青少年需要学习如何准确地识别他人情绪，理解他人的感受，这对于建立和谐的社交关系十分有帮助。在学校教育中，通过分组活动、共情练习和社交模拟，孩子们可以发展更深层次的同理心，并且学会在实际的社交场合中恰当地响应。

家庭教育同样起着重要作用，在日常生活中，父母可以通过讨论家庭成员或他人的感受，鼓励孩子们站在他人的角度想问题，从而促进他们同理心的提升和社交技能的形成。

04 情绪的积极运用

情绪智力的培养目标是让青少年能够将情绪转化为推动自己向前的正面力量。情绪不仅仅与人们的内在感受有关，它也能影响认知过程、决策制订、创造力激发和动机提升。教育者可以通过设计创造性任务，如艺术创作、写作等，鼓励青少年将自己的情绪转化为有形的产出。此外，通过讨论真实生活中的案例，指导学生如何在面对挑战时利用情绪为自己加油打气，以及如何在团队合作中运用情绪智力促进更好的交流和互动。

在整个情绪教育过程中，让青少年了解情绪的多方面应用，如在困难时期如何用积极情绪克服挑战、在学业或职业规划中如何利用情绪促进目标实现，对他们形成全面的情绪智力至关重要。

三、冲突解决与自我调整的方法

在青少年的成长道路上，学会有效解决冲突和进行自我调整是成功导航人际关系和应对情感挑战的关键。在日常生活中，青少年不可避免地会遇到争执和分歧，掌握冲突解决的技巧可以帮助青少年减少潜在的心理压力，并维护健康的社交关系。此外，自我调整的能力使得青少年能够在遇到挑战时保持个人的平衡和福祉，进而影响他们的长期心理适应性和幸福感。关于青少年冲突解决与自我调整的方法，关键要点包括以下几点。

01 透过沟通解决冲突

有效的沟通技巧是解决冲突的关键，教育青少年如何利用开放和诚实的沟通方式处理问题是非常必要的。这包括使用第一人称"我"来传达个人感受，而非指责对方，这种方式可以减少对方的防御性，使对话更有建设性。积极倾听也同样重要，它要求青少年专注于理解对方的观点，并展示对对方言论的尊重。有效沟通技巧的练习可以在安全且支持的环境中进行，例如在课堂或家庭中模拟冲突情景，并指导青少年如何应对。

通过角色扮演和沟通游戏，青少年可以实践在不同情形下如何表达自己，同时也学习如何在压力或冲突中保持冷静。这些沟通练习不仅有助于他们在当前阶段解决问题，还为其长大成人后处理更复杂的社会关系奠定了基础。

02 建立良好的人际关系技巧

在人际互动中拥有良好的社交技巧对于青少年的人际关系发展非常重要。换位思考、表达同情和寻求互助等能力的强化，有助于他们理解不同的观点，产生共情，并最终找到双方都满意的解决方案。教育者和家长可以通过指导青少年识别他人的情绪和需求，教会他们如何自然地表达关心和提供支持。

通过团队协作的项目和活动，青少年可以实践如何与他人合作解决问题，从而发展出建立和维护良好人际关系所需的关键技能。这些技能不仅在学校和家庭环境中有用，在未来的工作场所或其他社交环境中也同样适用。

03 自我调整的策略培养

在青春期，青少年经常需要应对多种情绪挑战。培养他们调整自己情绪和行为的策略也是很重要的。这些策略包括：时间管理，帮助他们高效利用时间，减少因任务拖延产生的压力；情绪分散技术，如参与体育运动或艺术活动，以转移注意力，缓解负面情绪；自我激励，鼓励他们通过设定目标和奖励自己的成就来维持积极和动力。

通过模拟活动和分组讨论，青少年可以探索和实践这些自我调整策略。随着他们对策略的掌握，他们会更有能力自我管理，降低压力并提升生活质量。

04 增进适应性和灵活性

青少年面临的环境和情境不断变化，增强他们的适应性和灵活性是为未来挑战做准备的一部分。通过情景模拟和角色扮演活动，青少年可以学习如何在不同的社交场合中灵活地应用沟通和冲突解决技术。教育者可以设计多样化的社交场景，培养青少年在面临新环境或不熟悉的情境下的应变能力。

适应性和灵活性的提升亦需建立在对自己行为和反应的认识之上。青少年需要学习如何快速评估情况，调整策略，并在必要时采取新的行动方案。这样的技能不仅有助于日常生活的挑战，也能使他们在未来的教育和职业道路上占有优势。

第四节 早期发现并及时应对叛逆行为

一、预警信号的识别与分析

预防总是胜于治疗，尤其是在处理青少年叛逆行为时，早期识别预警信号并及时应对是非常有效的。叛逆行为通常不会无预兆地突然发生，而是在长期的心理压力和环境因素作用下逐渐形成的。因此，正确分析和识别这些预警信号，不仅能避免问题行为的发展，还可以为青少年的健康成长提供积极的指导和支持。了解和掌握叛逆行为的预警信号对于父母、教育工作者以及社会服务提供者而言，都是有效干预和维护青少年健康成长不可缺失的环节。预警信号的识别与分析的关键要点有如下几点。

01 行为和情绪的突然变化

在青少年的成长过程中，些许的行为和情绪变化是正常的，但如果这些变化是突然和显著的，它们可能就是内心问题和叛逆行为的警示信号。比如一个通常成绩优异的学生突然变得对学习不感兴趣，成绩显著降低，或是一个平时热衷于某项爱好的青少年突然放弃，这都可能意味着他们正在经历一些内在的冲突或外在的压力。同样，青少年如果突然与朋友和家庭成员的关系紧张，经常发生冲突，也可能是他们遇到了一些难以处理的问题。

因此，父母和教育工作者需要密切关注这些突发的变化，积极寻找原因，并通过对话和其他支持方式来帮助青少年解决问题。如果必要，应遵循专业意见进行更深入的干预。

02 撤退和隔离行为

撤退和隔离行为可能是青少年内心困扰的外在表现。例如，当一个原本社交活跃的青少年开始避免公共活动和与朋友的交往，选择独自一人时，他可能正在尝试回避困扰他的情绪问题。封闭的房门通常是青少年撤退到私人空间、封闭自我的象征，这样的孤僻行为可能导致情绪问题的进一步加剧。

父母和教育工作者应当对这样的行为保持敏感，尝试建立信任并开启沟通的通道，了解背后可能的原因。父母还可以提供情感支持，鼓励他们参与社交活动，或者引入专业帮助都是重要的应对策略。

03 逆反和挑战权威

逆反行为往往是青少年寻求独立和自我表达的一种方式。然而，当挑战变为频繁公然地拒绝遵守规则或尊重权威时，它就可能成为叛逆行为的预警信号。青少年可能在试图获得更多控制感和自主权，但如果用不当的方式表达，就可能造成冲突。

家长和教育工作者在面对这样的行为时需要一方面确保设定清晰而合理的边界，另一方面提供足够的空间让青少年探索自己的独立性。同时，家长和教育工作者还要寻找背后的原因，并通过对话提供指导，帮助青少年学会更适当的自我表达方式。

04 同伴关系的改变

同伴是青少年社交环境的重要组成部分，他们的影响力在青少年时期尤其强大。如果青少年突然改变了他们的朋友圈，尤其是开始与有不良行为的同伴交往，这可能是叛逆行为的一个信号。不良的同伴关系可能会促进或加剧青少年的负面行为，提高他们参与风险行为的可能性。

父母和教育工作者应该了解青少年的新朋友，并关注这些新关系对青少年行为的影响。同时，也可以引导青少年认识到健康同伴关系的重要性，并提供机会让他们与正面的团体接触或参与正面活动。在必要时，还可以与其他家长或学校合作，关注并疏解可能导向叛逆行为的同伴压力。

二、危机干预的即时措施

在应对青少年叛逆行为的策略中，危机干预是一个关键环节。它需要及时而敏感地回应那些可能会升级为更严重问题的行为。在青少年发展过程中，一些不利的行为如果不被及时识别和处理，可能会导致生理、心理或社会适应方面的长期问题。因此，危机干预的即时措施要求父母、学校和社区能够迅速响应，提供必要的支持和干预，以最大程度地减少负面行为对青少年的影响。危机干预的即时措施主要包括如下几点。

01 迅速识别并响应

对于青少年叛逆行为的迅速识别和响应是预防潜在危险的关键。家长或教育工作者在注意到问题行为的早期迹象时，应立即采取行动，这样的积极姿态可以有效地减少青少年继续从事有害活动的可能性。迅速响应不仅代表了对青少年福祉的重视，也有助于建立起一种秩序和规则感，让青少年明白他们的行为是有后果的。

具体对策包括与青少年进行一对一的谈话，了解他们的想法和动机，以及在必要时设定合理的界限和惩罚。如果情况需要，家长或教育工作者也应该采取更加坚定的立场，比如限制青少年的自由时间或禁止与不良影响的同龄人接触。迅速响应早期的叛逆迹象可以避免形成更为固化的破坏性行为模式。

02 提供稳定和支持

在处理叛逆行为的危机时，稳定的环境与情感支持是不可或缺的。在这样的关键时刻，青少年需要知道，无论发生什么，他们都有安全的场所和支持他们的人。这种安全感可以来自明确、一致的家庭规则，也可以来自在冲突或困难时刻提供安慰和理解的能力。

父母和教育者应该保持冷静，耐心倾听青少年的担忧，以非批判的态度去理解他们的立场。即使在面对挑战时，也要确保表达对青少年的爱和关心，避免完全以惩罚为主导的对策。此外，建立一个开放的沟通环境，鼓励青少年分享他们的感受和问题，这些都是稳定支持体系的关键组成部分。

03 专业资源的介入

在某些情况下，家长和教育者可能需要求助于外部的专业资源。例如，当青少年的行为似乎源自更深层次的情绪问题或心理困扰时，心理咨询师或社会工作者可以提供关键的专业意见和支持。他们可以通过一系列评估和治疗计划，帮助青少年理解和管理他们的情绪，逐步改善行为。

这种专业介入通常包括一对一的咨询、家庭治疗和可能的行为疗法。家长和教育工作者应该积极与专业人员合作，保持定期的沟通，并遵循推荐的干预措施，以确保青少年得到全方位的关怀和帮助。

04 危机后的跟进与反思

危机解决之后的跟进和反思对于青少年长期的行为改进非常关键。

危机解决不意味着问题的结束，还需要一个持续进步和学习的过程。通过与青少年共同评估和反思，我们可以帮助他们理解导致叛逆行为的原因，学会从错误中吸取教训。

家长和教育工作者应该定期与青少年讨论事件的教训和收获，确定有效的解决策略，并探讨如何改进未来的应对方法。这种共同的反思过程不仅有助于防止叛逆行为的重现，也促进了青少年的自省和自我意识，有助于他们成长为有责任感和自控能力的成年人。

07 第七章

青春期叛逆的社会影响与趋势

第一节　社会对青春期叛逆的态度与反应

一、媒体诠释与公众认知

在青少年成长的复杂过程中，社会对叛逆行为的态度与反应在很大程度上会影响青少年的自我认知和行为调整。媒体作为影响公众观念和流行文化的重要力量，其对青少年叛逆行为的诠释往往决定了社会大众的看法和态度。在现今信息爆炸的时代，媒体传播的速度和广度意味着它们报道和解读青春期叛逆行为时，可以迅速塑造公众认知，进而影响针对青少年行为的社会反应和政策决策。因此，注意媒体的表述方式，分析公众认知的形成，成为理解社会对青少年叛逆态度的关键所在。

01 媒体对叛逆行为的描绘

媒体是塑造公众观念和认知的重要工具。通过报纸、电影、电视和网络等媒介，青少年的叛逆行为常常被以特定的方式呈现给大众。这些描绘往往强化了公众对叛逆行为的特定印象，如将叛逆行为与负面的社会影响联系起来，或者将其描绘为成长过程中的一种必然阶段。负面的描绘方式可能会加深公众对于叛逆行为的误解，使得社会对青少年的包容度降低，甚至可能导致对青少年的偏见和歧视。

02 影视作品对叛逆行为的文化影响

影视作品作为文化传播的重要载体，其对青少年叛逆行为的描绘不仅反映了社会现实，有时也会创造和推广一种文化趋势。例如，一些影片中的"坏孩子"形象，可能会被青少年视为酷炫的象征，其叛逆行为也可能被模仿。同时，这些作品也可能会对青少年的心理和行为产生影响，使其在面对生活中的困难和挑战时，选择以叛逆的方式来表达自我和寻求解决之道。

03 新闻报道的舆论导向

新闻媒体对于一些极端叛逆行为，如校园暴力、未成年犯罪等的报道，往往会引发公众的关注和讨论。这种讨论可能会影响到人们对青少年叛逆行为的认知和态度。例如，如果媒体过度渲染叛逆行为的负面影响，可能会导致公众对青少年的恐惧和排斥；反之，如果媒体能够客观公正地报道叛逆行为，可能会帮助公众理解和接纳青少年的成长过程。

04 公众对叛逆青少年的刻板印象

媒体所呈现的青少年形象，及其对叛逆行为的描述，常常造成公众对此群体的一些刻板印象。这些刻板印象可能会对青少年的生活和成长造成影响，如导致他们在社交、学习等方面遭遇困难。因此，我们需要警惕媒体对青少年叛逆行为的片面和偏颇描绘，努力营造一个更加包容和理解的社会环境，帮助青少年健康成长。

二、文化差异与社会适应性

对于社会而言，理解和应对青少年的叛逆行为需要考虑文化差异和社会环境对青少年行为的影响。不同文化背景下的社会对叛逆行为的接受程度和反应方式存在差异，这些差异进一步影响了青少年的社会适应性。文化认同感的形成、核心价值观的内化以及与社会规范的相互作用，共同构成了青少年社会适应性的关键因素。了解各文化内青少年叛逆的解读和处理方法，可以帮助我们更全面地支持青少年健康成长，并为家庭、学校和社会制订有效的应对策略提供指导。

01 文化差异对叛逆的影响

不同文化背景下，对青少年叛逆行为的看法和应对方式存在显著差异。在一些文化中，叛逆被视为成长过程中的一个自然阶段，甚至被鼓励作为一种独立思考和个性表达的方式。这些文化背景中人们倾向于通过更开放的价值观和宽松的行为规范来定义叛逆，把它看作一种自我探索和寻找身份的途径。相反，在其他文化里，叛逆可能被看作是对社会规范和权威的挑战，因此会受到更多的压制和惩罚。在这些环境中，叛逆行为往往与负面的社会影响联系在一起，社会通常通过严格的价值体系和行为准则来应对和遏制叛逆现象。

02 社会适应性和群体归属感

青少年时期是个体寻求社会适应性和群体归属感的关键时期。在这一时期，青少年努力在不同的社会文化环境中找到自己的定位，这包括对自身角色、信仰和价值观的探索与确认。群体归属感对于他们来说至关重要，因为它涉及认同感和被接纳的需求。这种归属感可能影响青少年的行为选择，包括叛逆的程度。例如，如果一个青少年在其参照群体中观察到叛逆行为被接受或赞赏，他们可能更倾向于展示类似的行为以获得认同。反之，如果群体对叛逆持否定态度，那么青少年可能会压抑或调整自己的叛逆倾向，以维持群体中的和谐关系。

03 跨文化交流对叛逆行为的熏陶

随着全球化的发展，跨文化交流变得日益频繁，这对青少年的叛逆行为产生了深远的影响。通过互联网、媒体、教育交流等途径，青少年接触到多元的文化背景和价值观念，这促使他们更容易在认同和行为上进行比较和选择。面对不同文化中对叛逆的不同看法和处理方式，青少年可能尝试融合各种观点，形成自己独特的行为模式。同时，跨文化交流也可能让青少年意识到叛逆并非某一文化独有的现象，而是一个普遍存在的青少年发展阶段。在这样的认识下，他们可能更加宽容地看待自身的叛逆行为，并学会在不同文化之间寻求平衡，既保持个性又尊重共性。

第二节　青春期叛逆对社会秩序的影响

一、教育系统的冲击与挑战

青春期叛逆行为对教育系统构成了不容忽视的挑战。在学校这样一个社会化的教学场所，青少年的叛逆行为可能干扰正常的教学活动，影响其他学生的学习，甚至可能引起广泛的纪律问题，影响学校的教育质量和声誉。为了维持教育环境的秩序和可持续发展，学校必须开发出有效的策略和程序以识别、理解和应对这些行为。在更广泛的层面上，这些挑战促使教育者、政策制定者和社区成员反思现行的教育策略，探索更为全面和包容的教育方法。

01 纪律问题与管理难题

青少年的叛逆行为经常在学校环境中表现为纪律问题，这对教师和管理层来说是一大挑战。学校管理层可能发现自己被迫将大量时间和精力从教学和学术上转移到行为干预和纪律维持上。例如，频繁的旷课、课堂不注意听讲或故意打扰其他同学等行为可能需要老师进行额外的管理努力，从而分散他们原本用于教育和学生发展的关注和资源。这样的分散不仅影响了教育质量，还加剧了学校的管理难度，因为需要设计和实施特定的干预措施来处理或防止这些问题行为的发生。

02 师生关系的紧张

叛逆行为常常对师生间的关系构成压力，有时甚至导致严重的紧张状态。例如，学生对规则的公然违抗可能削弱老师的权威，导致其他学生效仿，破坏了课堂纪律和教学秩序。这种环境可能会降低教师施教的意愿和积极性，甚至可能导致职业倦怠。此外，处于持续冲突状态的老师可能发现自己的教学策略和学生的教育体验都受到了影响，如降低教师为教学工作迸发创意和热情的能力。

03 对学习环境的负面影响

叛逆行为可能会损害学习环境的质量，这对所有学生的学习体验都有影响。在课堂上，叛逆的学生可能会打断老师的讲解或者分散同学的注意力，造成课堂学习效率的下降。在某些情况下，这些行为可能直接或间接诱发其他学生的模仿，从而加剧学习环境的恶化。此外，叛逆行为可能引起的负面情绪波动也会影响其他学生，使整个班级充满紧张和焦虑的氛围。

04 对教育政策和资源分配的影响

叛逆行为的存在要求学校对教育政策和资源分配重新评估。学校可能会发现有必要为叛逆学生提供额外的支持，如心理咨询和特殊教育资源。这可能需要重新分配预算，以满足更广泛的学生需求，如为心理咨询服务划拨资金，或者为叛逆学生提供特别的行为干预计划。这样的资源重新分配，虽有助于解决叛逆学生的问题，但也可能减少对其他教育项目的投入。因此，制定有效的政策并合理分配资源是一项平衡的艺术，旨在为所有学生提供公平和高质量的教育机会。

二、公共安全与青少年犯罪

青春期叛逆行为在社会秩序中所引发的影响不仅限于教育领域,也深刻涉及公共安全和青少年犯罪问题。当叛逆行为逾越了社会法律的边界,它可能导致对公共安全的直接威胁,并对整个社会的犯罪率产生影响。在这一背景下,社会需制订有效的预防方案,旨在减少青少年从叛逆行为转向犯罪行为的风险。此外,这也要求法律制度、社会服务及监管部门共同协作,构建一个能够及时干预和引导的支持系统。通过这些综合措施,社会能够更加有效地应对青少年叛逆对公共安全和秩序的挑战,减少未成年人犯罪事件,并为青少年提供更为健康和积极的成长环境。

01 早期干预的重要性

在预防青春期叛逆行为发展为更严重问题,如犯罪行为方面,早期干预显得至关重要。通过教育系统、家庭和社区的共同努力,早期识别可能的叛逆迹象并提供相应的支持和指导,能够有效遏制负面行为的发展。早期干预不仅包括及时察觉行为变化,还涉及对潜在根源的理解,如不良同伴影响、家庭压力,或学校环境中的问题。通过对话、心理咨询以及行为治疗,早期介入战略能帮助青少年排解压力,建立自我价值感,且在必要时可以介入家庭,帮助父母改善育儿技巧和家庭沟通方式,防止叛逆行为升级。

02 多机构合作与防范策略

在防止青少年叛逆转化为犯罪行为方面,多机构之间的合作也很关键。警局、学校、社会服务机构及家庭等不同领域的力量聚合,能够为青少年建立一个全面的支持网络,共同制订和实施针对性的防范策略。这可能包括实施教育计划、提供心理和情感支持,以及引入行为矫正计划等。合作不仅能够提高干预措施的效果，还有助于构建更加持久且全面的预防结构。不同机构之间的信息共享和资源协调为青少年提供了更好的干预途径。

03 对青少年犯罪的有效响应

对于已经出现犯罪行为的青少年，法律制度和社会服务机构必须提供有效的和适时的响应。青少年司法系统在这方面扮演重要角色，需要在惩罚与康复之间寻找平衡。通过矫治方案、辅导计划和社区服务，青少年犯罪者可以被引导重新融入社会，减少再犯的可能性。社区支持计划，如导师计划、职业培训和教育重返项目，对于这些青少年回归社会并避免进一步的法律问题同样重要。

04 强化社区安全感知与行动

社区是预防青少年犯罪的第一道防线。社区中的成员通过提高对青少年行为和潜在危险的认识，能够为青少年创造一个安全且支持的环境。通过社区的集体行动，培养不容忍犯罪行为同时鼓励互帮互助的文化氛围，有助于预防犯罪行为的发生。此外，社区居民应受到鼓励去报告可疑行为和提供青少年相关的支持服务，如心理健康服务、教育资源和休闲活动。通过这些措施，社区可以为青少年营造一个安全、支持和积极参与的环境，降低他们走上犯罪道路的风险。

第三节 青春期叛逆与未来发展

一、叛逆行为对未来职业选择的影响

青少年阶段的叛逆行为不仅影响当前的教育和家庭环境，还可能对其未来的职业选择和发展造成深远的影响。在进行职业规划和发展个人潜力方面，青少年的行为与心理状态互为影响，共同塑造了他们面向未来的职业道路。对于未成年人来说，学校的表现、社交技能以及与权威的关系等因素都在他们的职业生涯选择中发挥着决定作用。分析叛逆行为如何潜在地引导职业方向，以及对职业道德及工作态度的影响，对于家庭、教育界乃至整个社会来说，都是不可轻视的议题。本节将深入探讨叛逆行为与未来发展之间的联系，以及采取何种措施可能有助于将潜在负面影响转化为正能量。

01 职业规划的干扰

叛逆行为在青少年阶段可能干扰其教育路径和职业规划的确定性。青少年可能因为缺乏专注、不尊重学校规则或忽视学业而错失获取关键知识和技能的机会，这些都是通往理想职业所必需的。例如，长期的上课迟到、未按时提交作业可能导致考试成绩不佳，这会限制他们日后进入高等教育机构或学习专业培训课程的机会。此类行为不仅会立即影响他们的学业成绩，更会让他们在未来的职业生涯中处于劣势。

另外，与同学和老师的不良关系可能削弱人际交往能力的培养，而这种能力对任何职业都是非常重要的。失去这些基本技能，青少年在将来的职业竞争中可能难以发挥自己的潜力。

02 未来职业态度的形成

叛逆心态不仅反映在青少年的行为上，更可能深刻影响他们未来在职场上的态度与表现。较低的尊重权威和规则的意识可能导致未来冲突的增加，包括对上级指导和公司政策的反抗。青少年可能需要额外的努力来学习如何在职业环境中表现得更专业，更尊重职场规范。

如果在青春期未能培养出对正式环境和权威的尊重，青少年可能会在职场中继续展现出对规则的漠视，这会影响他们与同事的关系，甚至影响他们的职业发展和晋升机会。

03 对未来职业选择的重定向

有策略性地引导叛逆行为，可以为青少年带来探索新的未来职业路径的机会。青春期是探索和定义个性的重要时刻，开放的环境和积极的引导可以帮助他们将叛逆能量转化为寻求改变的力量。例如，鼓励他们尝试不同的实习和志愿经历，这可能激发他们对特殊职业的兴趣，如艺术、音乐或创业等。

适度的叛逆行为，如果被合理引导，可以促进青少年自我表达和独立性的发展，并最终助他们找到更适合自己独特性格和能力的职业道路。

04 长期工作关系和职业成功

从长远来看，叛逆行为可能对青少年建立长期工作关系和获得职业成功带来挑战。早期的叛逆行为如果没有得到适当的矫正，可能会固化为成人期的不良行为模式，比如不遵守工作职责、缺乏长期计划和团队合作意识。

为了促进职业成长，重要的不仅是学习专业技能，还需要建立稳定的人际关系和专业形象。培养这些积极的职业特质通常需要时间和经验积累，而叛逆行为的长期存在可能延缓这些特质的发展，影响未来的职场适应性与职业满足感。通过及时的干预和积极的角色建构，青少年可以逐渐学习到如何在工作环境中表现得更为成熟和专业，这将为他们的职业生涯奠定一个坚实的基础。

二、社会融合与成长期的心理适应

随着全球化进程的加速，不同文化的交融与碰撞对青少年的身份认同产生了深刻的影响。文化冲突不仅挑战了传统的社会和家庭价值观，也为青少年的成长环境带来了新的复杂性。在这个宏观背景下，青少年在探求自我身份时可能体验到前所未有的文化压力和认同困扰。这种环境产生的文化摩擦可能表现为叛逆行为，随着全球互联互通的不断增强，理解和应对这种现象的战略需要不断更新和调整。在全球化视角下，文化冲突与青少年身份认同之间的关系要点包括以下几点。

01 跨文化交流加剧的叛逆倾向

全球化时代的青少年生活在一个日益缩小的世界中，会不断地接触到跨文化的信息和生活方式，这些新观念往往与本土的文化价值观存在显著差异。接触到异质文化可能会激发青少年探索自我和新思想的意愿，但同时可能挑战他们的文化根基和价值观认同。这种文化冲突可能导致青少年采取叛逆行为，尤其在身份认同和生活方式的选择上。一方面，跨文化交流可以拓宽视野，激发创新思维，另一方面，如果青少年缺乏足够的导航工具和支持，这种多文化的压力可能反映为与家庭和社会传统不符的叛逆行为。

02 文化认同混乱与重塑过程

随着全球文化的互通融合，青少年面临着在多元化价值观中找到自我认同的挑战。文化认同的混乱不仅涉及外在的文化标签，还包括对内在价值观的挑战。许多青少年为了应对这些混乱，可能在不同文化间切换自己的身份，尽管这种方式可能对他们理解复杂世界有帮助，却也可能导致他们在自我认同上有所迷失。面对迥异的文化信息，他们可能需要重塑自己的认同，这个过程常常伴随着试错，有时这些尝试表现为叛逆行为。

03 全球化与本土文化的张力

全球化为青少年带来了多元文化的体验，但同时也引发了本土文化与新兴全球文化之间的冲突。青少年在试图消化这些外来影响时，精神上的冲突可能转化为晦涩难懂的情绪忧虑或对本土文化的顽固抵制。这种内在张力可能在青少年中表现为对规则的挑战、对传统价值的质疑，或者对全球化趋势的盲目跟从。

04 多元文化背景下的适应与整合

在多元文化的背景下，青少年要学会适应和整合多样的文化差异。这不仅限于文化知识的增加，更包括发展跨文化的交流能力和适应能力。为了在全球社会中取得成功，青少年需要了解和摄取不同文化的优势，同时保有对本土文化的敬重与认同。在此过程中，青少年可以学习如何平衡各种文化影响，并在全球化的浪潮中锚定自己的价值观和自我认同。通过这种适应性和整合能力的培养，青少年能够健康地成长，形成坚实的自我核心，构建能在多元文化环境中存活和发展的身份。

第四节 青春期叛逆心理的未来趋势

一、科技进步与青少年生活方式的改变

科技的飞速发展已经深刻地重塑了青少年的生活方式和行为模式，从日常社交互动到信息获取，再到心理发展和教育方式，青少年均受到了巨大影响。尽管科技进步带来了便利和新的学习工具，但也在一定程度上增加了青少年面临的挑战，如屏幕依赖、隐私泄露和网络安全问题。对于如何预测和应对科技进步影响下的青少年叛逆心理的未来趋势，家长、教育者和社会政策制定者都面临着挑战。有效的应对策略应包括了解科技如何影响青少年的心理和社交发展，以及设计相关教育和监管措施，帮助青少年更好地适应这一潮流并保护他们的福祉。

01 科技与社交互动

在数字化时代，科技尤其是社交媒体在青少年的社交互动中扮演了核心角色。网络平台使得青少年可以轻松地与全球的同伴建立联系，分享生活的点点滴滴，以及获取信息。然而，这种在线互动也改变了传统的社交模式和人际关系的构建方式。社交媒体上的即时反馈和虚拟点赞等可能引导青少年过分追求外部认可，从而影响他们的自我价值感和自我形象的构建。

在线社交活动的匿名性和直接后果的缺乏也可能使青少年更易做出

他们在现实生活中不敢尝试的行为，如言语大胆或出格。虽然这为他们提供了一种探索自我的空间，却也可能带来负面影响，比如网络欺凌和自我形象扭曲。

02 数字设备的影响

随着数字设备日益融入青少年的生活，它们一方面极大地丰富了青少年的学习和休闲体验，但另一方面也可能带来一系列挑战。长时间注视屏幕可能会分散青少年的注意力，减弱他们在教室内外集中注意力的能力。同时，持续的即时通信和多任务处理可能导致他们在情绪管理和冲动控制上遇到问题。

当数字设备与社交媒体成为日常生活的一部分，青少年可能变得难以分辨在线行为与现实行为之间的界限，导致他们在社交互动中的预期和现实经验之间产生冲突。

03 网络环境与叛逆行为

互联网的匿名性为青少年提供了一个试验行为和身份的空间。在这个虚拟空间中，他们可以在不担心即时后果的情况下试验不同的角色和行为，有时这些行为可能带有叛逆的性质。在网络空间中进行的试验行为，如果超越了社会规范和法律边界，可能会发展成为现实世界中的叛逆行为。

此外，互联网上的群组和论坛有时也会鼓励或正面评价叛逆行为，加剧青少年的试验行为。这些因素结合起来，可能导致青少年在现实世界中采取更加极端的叛逆行为，尤其当他们迫切寻求同伴的承认和群体的归属感时。

04 科技进步对教育的挑战

科技不断进步对教育领域提出了新的挑战。这些挑战既包括如何利用科技来增强教学效果，也包含如何处理科技带来的分散学生注意力的问题。教师越来越需要在课堂上与各种数字设备争夺学生的注意力，这可能会对青少年的专注力造成负面影响。

科技的进步也对青少年的学习动力带来影响，快速的信息流和无穷的娱乐选项可能使他们难以长时间投入学习活动中。此外，教育内容和方法也需要更新以适应数字化时代，教育者需要开发新的策略使教学模式与当今科技进步相符合。

二、全球化视角下的文化冲突与身份认同

全球化进程为青少年带来了前所未有的文化交流机会，然而，它也可能导致不同文化价值观之间的冲突，对青少年的身份认同造成挑战。在这样多元化的世界中，青少年需要寻找平衡，既要广泛吸收全球的文化精粹，又要保持对本土文化的认同。文化冲突可能激发或加剧叛逆情绪，当青少年努力在不同的文化影响中寻找自己的定位时，他们面临的身份认同问题变得更为复杂。对于家长、教育者以及政策制定者而言，理解全球化背景下青少年面临的文化冲突与身份认同的问题，并采取有效的干预措施，是帮助青少年健康成长的关键。

01 文化融合与叛逆

全球化所带来的文化融合为青少年提供了无数学习和成长的机会，但同时这种文化交汇带来的价值观差异也可能成为他们叛逆反应的触发点。在不同文化价值观碰撞和交织的环境中，青少年有时会面临认同感缺失的问题，他们可能在寻求自我身份时抵触本土文化的传统观念，或

是批判性地接纳外来文化。例如，青少年可能会挑战传统的社会规范，如服饰、娱乐选择或语言使用等，以表达他们的独立思考和自我认同。

同时，文化融合也可能促使青少年进行自我探索，试图找到一个既能被同龄人认可又能表达自己独特性的平衡点。在这一过程中，叛逆不仅是对既定社会规范的挑战，也是一个积极寻求个性确立和文化认同的过程。

02 身份认同的挑战

多元文化环境为青少年形成稳定的身份认同带来了挑战。青少年可能会因为在不同的文化价值观之间挣扎而感到迷茫，这种迷茫可能使他们在尝试定义自我时变得不确定。这种不确定性可能通过叛逆行为来表现，作为试图确定自我认同和社会地位的一种方式。对自我认知的挑战往往伴随着广泛的情绪波动，这可能导致青少年在自我价值和归属感的探索过程中出现极端行为。

青少年在探求个人身份时，需要来自家庭、学校和社区的理解和支持。这包括提供讨论身份认同问题的机会、引导他们理解和尊重多元文化背景，并帮助他们找到自己在多元文化社会中的位置。

03 跨文化能力的发展

跨文化能力是青少年在全球化社会中成功适应的关键技能。这包括了解和尊重不同的文化习俗、价值观及沟通方式。青少年在全球文化环境中需要学会如何有效沟通，展示灵活性，并在不熟悉的环境中找到合适的应对方式。教育机构和社会活动可以提供平台，帮助青少年发展这些技能，包括组织国际交流项目、多元文化庆典活动，以及在课堂教学中引入全球视角。

青少年通过这些渠道增强自己的跨文化能力不仅有利于个人发展，

也为全球化社会培养了能够理解和尊重多样性的未来公民。

04 全球视角下的叛逆解读

全球化背景下，社会对青少年叛逆行为的理解正在发生变化。这些行为不再单一地被视为青少年问题，而是被重新诠释为青少年在全球文化多样性中寻找个人身份和位置的自然过程。当社会采取更加包容的视角时，青少年的探索和尝试被视为成长的一部分，而非需要被压制或纠正的行为。

我们必须认识到，青少年是在通过叛逆行为表现独立和自我探索的愿望。全球化为他们提供了多种文化元素的选择，使得他们有机会创造出一种独特的身份认同。我们必须引导青少年以建设性的方式利用这些文化资源，使他们不仅能够在个人发展上受益，也能对全球化社会做出有意义的贡献。